En tiempos de angustias,
mire hacia delante con la esperanza de...

EL CIELO:
La casa de mi Padre

A NNE G RAHAM L OTZ
Prólogo por B ILLY G RAHAM

Editorial
UNILIT

Publicado por
Editorial Unilit
Miami, Fl. 33172
Derechos reservados.

© 2003 Editorial Unilit (*Spanish translation*)
Primera edición 2003

© 2001 por Anne Graham Lotz
Todos los derechos reservados.
Originalmente publicado en inglés con el título:
Heaven: My Father's House por
W Publishing Group, una división de
Thomas Nelson, Inc.,
P. O. Box 141000,
Nashville, Tennessee 37214, USA.

Proyecto conjunto con las agencias literarias
William Neill-Hall Ltd., de Cornwall, England, y
Alive Communications, Inc., de Colorado Springs, CO, USA.

Traducido al español por: Nancy Pineda

Citas bíblicas tomadas de la «Santa Biblia, Nueva Versión
Internacional», © 1999 por la Sociedad Bíblica Internacional y
«La Biblia Dios habla hoy», ©1996 Sociedades Bíblicas Unidas.
Usadas con permiso.

Producto 495284
ISBN 0-7899-1050-0
Impreso en Colombia
Printed in Colombia

A los moribundos
y
a todos los que están enfrentando el futuro
con un corazón atribulado

Contenido

Un mensaje personal para usted de mi padre...

El martes 11 de septiembre de 2001 estábamos todos mirando horrorizados cómo las torres gemelas del Centro de Comercio Mundial de Nueva York estallaban en muchas llamas de fuego después del choque llevado a cabo por los secuestradores de los aviones de pasajeros. Una tragedia que al parecer era tan mala se convertiría en radicalmente peor cuando los edificios colapsaron. Ciento diez pisos de concreto, vidrio y acero se desintegraron en seis pisos de polvo, hollín y metal retorcido. La devastación fue increíble.

Sin embargo, en la zona cero, el esfuerzo de búsqueda y rescate dio paso a una limpieza masiva que reveló que los cimientos de las torres seguían intactas. Y me quedé sorprendido por la similitud entre nuestra vida y la de las torres. A veces, experimentamos inesperados reveces, no de secuestradores de aviones de pasajeros, sino de cosas tales como bancarrota, muerte, enfermedad y familia y matrimonios desintegrados. Aunque esas explosiones fueron tan devastadoras, nuestro cimiento de fe en Jesucristo es seguro. Y esa fe es un sólido cimiento que nos permite aguardar con ansias la esperanza de nuestro hogar celestial.

Nuestra época es un recuerdo terriblemente doloroso de la brevedad y la incertidumbre de la vida. Cuando todo a nuestro alrededor nos parece vulnerable a la destrucción y a la amenaza constante de peligro, buscamos los cimientos a los que nos aferraremos. Buscamos respuestas a las preguntas que nos inundan: ¿Qué les pasa a nuestros seres queridos que nos quitan de nuestro lado? ¿Por qué estamos aquí? ¿Adónde vamos?

Ahora, ya soy un anciano. Cada vez más me aferro a la esperanza del mensaje del evangelio que he predicado por todo el mundo. He predicado en tiempos de relativa paz y en tiempos de grandes crisis mundiales, a personas de abundancias materiales y a personas en inmensa pobreza, en países con estabilidad política y en regiones desgarradas por la guerra civil y la lucha social; muchas caras, circunstancias e historias diferentes, pero todas con la misma necesidad de base para conocer a Dios. A través de los cambios de toda la vida, vuelvo a regresar al único cimiento seguro que me ha fortalecido desde mis inicios: la confianza en un amoroso Dios que nunca cambia, quien nos invita a acercarnos más aun a Él en Jesucristo.

Este pequeño libro escrito por mi hija Anne explica la tremenda esperanza de la promesa de Dios de que pasaremos la eternidad con Él. Las palabras de Anne en estas páginas ya han inspirado y ayudado a mi esposa, Ruth, y a mí, y sé que le inspirarán a usted también. Sé que ninguno ha indagado más a fondo y en oración en la Palabra de Dios ni está más convencido de su verdad que Anne. Debido a la cruz y a la resurrección de Cristo, podemos esperar con ansias y confianza el hogar eterno en el cielo. Las palabras escritas aquí nos señalan la garantía que se nos da en la Palabra de Dios. Usted puede esperar ansioso conmigo, con Anne y con todos los hijos de Dios el gozo de la casa de nuestro Padre celestial.

Que Dios le bendiga hoy con esa esperanza,

Billy Graham

… y de mi Padre celestial

Este libro se desarrolló de la siguiente descripción bíblica del cielo:

Después vi un cielo nuevo y una tierra nueva, porque el primer cielo y la primera tierra habían dejado de existir, lo mismo que el mar. Vi además la ciudad santa, la nueva Jerusalén, que bajaba del cielo, procedente de Dios, preparada como una novia hermosamente vestida para su prometido. Oí una potente voz que provenía del trono y decía: «¡Aquí, entre los seres humanos, está la morada de Dios! Él acampará en medio de ellos, y ellos serán su pueblo; Dios mismo estará con ellos y será su Dios. Él les enjugará toda lágrima de los ojos. Ya no habrá muerte, ni llanto, ni lamento ni dolor, porque las primeras cosas han dejado de existir».

El que estaba sentado en el trono dijo: «¡Yo hago nuevas todas las cosas!» Y añadió: «Escribe, porque estas palabras son verdaderas y dignas de confianza».

También me dijo: «Ya todo está hecho. Yo soy el Alfa y la Omega, el Principio y el Fin. Al que tenga sed le daré a beber gratuitamente de la fuente del agua de la vida. El que salga vencedor heredará todo esto, y yo seré su Dios y él será mi hijo. Pero los cobardes, los incrédulos, los abominables, los asesinos, los que cometen inmoralidades sexuales, los que practican artes mágicas, los idólatras y todos los mentirosos recibirán como herencia el lago de fuego y azufre. Ésta es la segunda muerte».

Se acercó uno de los siete ángeles que tenían las siete copas llenas con las últimas siete plagas. Me habló así: «Ven, que te voy a presentar a la novia, la esposa del Cordero». Me llevó en el Espíritu a una montaña grande y elevada, y me mostró la ciudad santa, Jerusalén, que bajaba del cielo, procedente de Dios. Resplandecía con la gloria de Dios, y su brillo era como el de una piedra preciosa, semejante a una piedra de jaspe transparente. Tenía una muralla grande y alta, y doce puertas custodiadas por doce ángeles, en las que estaban escritos los nombres de las doce tribus de Israel. Tres puertas daban al este, tres al norte, tres al sur y tres al oeste. La muralla de la ciudad tenía doce cimientos, en los que estaban los nombres de los doce apóstoles del Cordero.

El ángel que hablaba conmigo llevaba una caña de oro para medir la ciudad, sus puertas y su muralla. La ciudad era cuadrada; medía lo mismo de largo que de ancho. El ángel midió la ciudad con la caña, y tenía como dos mil doscientos kilómetros: su longitud, su anchura y su altura eran iguales. Midió también la muralla, y tenía como sesenta y cinco metros, según las medidas humanas que el ángel empleaba. La muralla estaba hecha de jaspe, y la ciudad era de oro puro, semejante a cristal pulido. Los cimientos de la muralla de la ciudad estaban decorados con toda clase de piedras preciosas: el primero con jaspe, el segundo con zafiro, el tercero con ágata, el cuarto con esmeralda, el quinto con ónice, el sexto con cornalina, el séptimo con crisólito, el octavo con berilo, el noveno con topacio, el décimo con crisoprasa, el undécimo con jacinto y el duodécimo con amatista. Las doce puertas eran doce perlas, y cada puerta estaba hecha de una sola perla. La calle principal de la ciudad era de oro puro, como cristal transparente.

No vi ningún templo en la ciudad, porque el Señor Dios Todopoderoso y el Cordero son su templo. La ciudad no necesita ni sol ni luna que la alumbren, porque la gloria de Dios la ilumina, y el Cordero es su lumbrera. Las naciones caminarán a la luz de la ciudad, y los reyes de la tierra le entregarán sus espléndidas riquezas. Sus puertas estarán abiertas todo el día, pues allí no habrá noche. Y llevarán a ella todas las riquezas y el honor de las naciones. Nunca entrará en ella nada impuro, ni los idólatras ni los farsantes, sino sólo aquellos que tienen su nombre escrito en el libro de la vida, el libro del Cordero.

APOCALIPSIS 21

Aun si voy por valles tenebrosos,
   no temo peligro alguno
porque tú estás a mi lado […]
   y en la casa del SEÑOR
habitaré para siempre.

EL REY DAVID

En el hogar de mi Padre hay muchas viviendas;
   si no fuera así, ya se lo habría dicho a ustedes.
Voy a prepararles un lugar.
   Y si me voy y se lo preparo,
vendré para llevármelos conmigo.
   Así ustedes estarán donde yo esté.

JESUCRISTO

Esperar el cielo con ansias

Saber a dónde va a ir echa fuera
la duda de llegar hasta allí.

Yo sé los planes que tengo para ustedes,
planes para su bienestar y
no para su mal, a fin de darles un futuro
lleno de esperanza. Yo, el Señor, lo afirmo.

JEREMÍAS 29:11, *DIOS HABLA HOY*

La muerte es el gran gol del empate, ¿no es verdad? No importa si hemos vivido en esta tierra como:

joven o viejo

rico o pobre

famoso o desconocido

educado o ignorante

poderoso o débil

religioso o ateo

atlético o lisiado

saludable o enfermizo

feliz o deprimido…

todos morimos[1]

Todavía, la muerte puede venir como una totalmente inesperada sorpresa. Más de cinco mil hombres y mujeres fueron a trabajar al Centro de Comercio Mundial en la ciudad de Nueva York el 11 de septiembre de 2001, a comenzar lo que pensaban que era otro día rutinario en la oficina. Es probable que muchos de ellos se buscaran una taza de café, se sentaran en sus escritorios, se subieran las mangas, encendieran sus computadoras y comenzaran a hacer llamadas telefónicas. Ninguno de ellos tenía algún indicio de que dentro de la hora iban a estar entrando en la eternidad. Para ellos, la muerte vino como un ladrón en la noche.

Para otros, la muerte puede venir como un muy esperado y bien recibido descanso. Durante un período de tres semanas, mientras estaba en medio de la escritura de este libro, asistí al funeral del querido hermano de mi esposo, John Lotz, y al funeral del padre de mi socio T.W. Wilson, quien era como un segundo padre para mí. John murió como resultado de un fulminante y maligno tumor cerebral. El «tío T» murió de un fallo masivo del corazón a la avanzada edad de ochenta y dos años. Tanto para John como para el tío T, la muerte vino como un ángel de misericordia.

Independientemente de cómo ni cuándo venga, *la muerte viene* para cada uno de nosotros. Y todos nos preguntamos: *¿Cuándo me tocará a mí?*

Durante los últimos trece años he viajado por todo el mundo en respuesta a invitaciones para presentar la Palabra de Dios. Hubo veces, como en mi primera visita a la India, cuando comenzaba a montar en el avión con mi estómago revuelto, mis rodillas chocando una con otra y mi corazón palpitando con fuerza... aterrorizada porque no estaba segura a dónde iba, ni con quién me encontraría al final de mi viaje. Sin embargo, cuán diferente es mi actitud cuando tengo la oportunidad de una segunda visita al mismo lugar. Abandono el hogar con paz en mi corazón porque sé a dónde voy y con quién me voy a reunir al final del viaje. De la misma manera, la posibilidad de la muerte nos puede llenar a usted y a mí de terror y temor, a menos que sepamos hacia dónde vamos. Mientras más sepamos de nuestro destino final, y con quién nos encontraremos al final del viaje de la vida, menos temor tendremos de llegar allí.

Esperanza para hoy

Imagínese a un anciano que vive en una isla remota. Tiene alrededor de noventa años de edad y sabe que pronto le llegará el momento de la muerte. Como muchos ancianos hoy, está aislado y solo, separado de la familia y los amigos en el preciso tiempo de su vida cuando más los necesita. Está frágil y débil, enfrentando el gran desconocido de la eternidad.

A pesar de lo increíble que quizá parezca, este hombre era uno de los doce discípulos originales de Jesucristo. A decir verdad, como uno de los amigos íntimos que tuvo Jesús, se le describe como el «discípulo amado».

Este fue el apóstol Juan, el que antes fuera un pescador de Galilea. Él y su hermano Jacobo eran hijos de Zebedeo, a quienes antes se les llamó los hijos del trueno debido a sus ardientes temperamentos. Sin embargo, a finales del primer siglo, Juan era uno de los más respetados entre todos los discípulos. Y pagó un alto precio por su bien conocida y comentada relación con el Único al que creyó ser el Mesías, el Hijo de Dios, Jesús de Nazaret.

Exiliado en la isla de Patmos en medio del mar Egeo, el apóstol Juan sabía que iba a enfrentar la muerte en un futuro no muy lejano. ¡Este fue el preciso momento cuando Dios decidió darle a Juan una visión de la gloria de Jesucristo! Esta visión incluyó un seductor vistazo al cielo, donde un día Dios mismo vivirá para siempre con su pueblo. Esta gloriosa visión está registrada en el último libro de la Biblia, Apocalipsis, porque a Juan se le ordenó que escribiera lo que vio. La visión no era solo para su propio consuelo y aliento, sino para todas las personas a través de los siglos que, cuando enfrentaran los retos diarios, las circunstancias extraordinarias o incluso cuando se hundieran en una muerte segura, lo hicieran con valor y *con esperanza*.

Esperanza para el mañana

¿Está enfrentando el futuro con los ojos bien cerrados, los dientes fuertemente apretados, el cuerpo tenso, temiendo al mañana y a lo que quizá le espera? ¿Se siente como si estuviera al borde de un profundo y oscuro abismo de impotencia y desesperación, atrapado en hechos, que le rodean a usted o a sus seres queridos, que van más allá de su control? Independientemente de lo que quizá sean esos

hechos, sin importar su estado mental, emocional, ni espiritual, la visión de Dios del futuro lo puede llenar con esperanza *ahora mismo*...

Si es anciano como Juan,

Si está a punto de morir,

Si está solo,

Si está aislado,

Si está separado de amigos y familiares,

Si está en un dolor emocional, mental o físico,

Si está enfrentando el gran desconocido de su vida,

Si está desesperanzado sin ninguna razón...

Si tiene un ser querido anciano como Juan,

Si tiene un ser querido a punto de morir,

Si tiene un ser querido solo,

Si tiene un ser querido aislado,

Si tiene un ser querido separado de amigos y familiares,

Si tiene un ser querido en un dolor emocional, mental o
    físico,

Si tiene un ser querido que enfrenta el gran
    desconocido de su vida,

Si tiene un ser querido desesperanzado sin ninguna
    razón...

o

Si se encuentra en la consulta de un médico o en un
    salón de espera de un hospital,

Si el Alzheimer lo atrapó en una larga despedida
    o si el divorcio lo atrapó en una muerte en vida,
Si va a un culto de recordación
    o ha asistido a un funeral,
Si se lamentó en una sepultura
    o derramó lágrimas en la noche,
Si escucha un disparo en la oscuridad,
    o los pasos de un desconocido,
Si es un trabajador desempleado que enfrenta otro día,
    o solo un débil padre al que abandonó su
    cónyuge…
o
Si es un doctor o un enfermero,
    uno que brinda cuidados o un director de funeral,
Si sufre orfandad o viudez,
    es un padre soltero o de la minoría,
Si su vida está en pobreza o en oscuridad,
    en prisión o en dolor,
Si lo han golpeado o comprometido,
    herido o destruido,
Si está impedido o maltratado,
    abandonado o acusado,
Si está solo o confundido,
    deambulando o preocupándose,
Si lo desprecian o rechazan,
    sin esperanza o sin hogar…

... ¡entonces es de *vital* importancia que esté preparado para ese momento de dar el paso hacia la eternidad!

Mientras contemplo la muerte de mis seres queridos, y los suyos...

Mientras contemplo nuestras pérdidas y el vacío que dejaron en nuestros corazones su ausencia...

¡Estoy más agradecida que nunca de que esta vida no lo es todo!

¡Alabado sea Dios! ¡Usted y yo podemos mirar *hacia* el futuro CON ESPERANZA!, pues tenemos la bendecida garantía del cielo, ¡la casa de mi Padre!

Un hogar en
el cielo

**La casa de mi Padre es un hogar
preparado especialmente
para usted.**

Y *después de irme y de prepararles un lugar,*
vendré otra vez para llevarlos conmigo,
para que ustedes estén en el mismo lugar en donde
yo voy a estar.

JUAN 14:3, DIOS HABLA HOY

El hogar para mí siempre será la casa de mi padre… una cabaña de troncos escondida en las montañas del oeste de Carolina del Norte, con una luz en la ventana, un fuego en el corazón y un abrazo de bienvenida en la puerta. A medida que conduzco las cuatro horas desde mi hogar a la casa de mi padre, mi sentido de expectativa es cada vez mayor. A las tres horas de viaje avisto por primera vez las montañas, un panorama que nunca deja de entusiasmarme a medida que comienzo a tomar altura a través de las colinas hasta que me encuentro rodeada de los valles y picos de las montañas Blue Ridge. Mi viaje termina en una sinuosa carretera de una sola vía con curvas retorcidas y en forma de zigzag que me conduce a la puerta de la casa de mi padre.

La vieja cabaña de troncos, los escalones de losa, la puerta remachada con clavos y el gastado piso de tablones de la entrada no son los que aceleran mi pulso ni me estimulan a hacer el largo viaje. ¡Mi motivación es simplemente el hecho de que este es mi *hogar*!

¡*Hogar!* ¿Qué significa esta palabra para usted? Para mí, «hogar» es sinónimo de amor, aceptación, comodidad y seguridad. Este es el lugar en el que se satisfacen mis necesidades. Es el lugar en el que puedo tomar mis cargas y dejarlas caer. Es el lugar en el que no solamente encuentro respuestas, sino donde mis asuntos ya no parecen tener importancia. Cuando me siento desalentada bajo la presión de las responsabilidades, o abrumada por los problemas de la vida diaria, o disgustada por sueños frustrados, mi corazón se vuelve hacia la cabaña en la montaña y a esos que amo y que viven allí. Ir al hogar es restaurar mi espíritu, reenfocar mis pensamientos, renovar mis fuerzas y restaurar mi corazón. ¡Cuánto amo el hogar!

Se cuenta la historia de un viejo misionero llamado Samuel Morrison que, después de veinticinco años en África, regresó al hogar en Estados Unidos para morir. Cuando esto aconteció, viajaba en el mismo buque de pasajeros que traía de regreso al presidente Teddy Roosevelt de una expedición de cacería. Cuando el gran buque atracó en el puerto de Nueva York, el muelle donde estaba atado se congestionó con lo que parecía ser la población completa de la ciudad de Nueva York. Las bandas de música tocaban, los estandartes ondeaban, los coros de niños cantaban, globos multicolores flotaban en el aire, destellaban las cámaras fotográficas y los noticieros grababan el regreso del presidente.

El señor Roosevelt descendió por la pasarela ante los ensordecedores vítores y aplausos, bañado con confeti y serpentina. Si a la multitud no la hubieran contenido las cuerdas y la policía, ¡lo habrían aplastado!

Al mismo tiempo, Samuel Morrison salió en silencio del barco. No había nadie allí para recibirlo. Se deslizó solo a través de la multitud. Incluso, debido a la aglomeración de gente que había venido a recibir al presidente, no consiguió un taxi. Dentro de su corazón, comenzó a quejarse: *Señor, el presidente ha estado tres semanas en África matando animales y todo el mundo se reúne para darle la bienvenida al hogar. Yo he pasado veinticinco años de mi vida en África, sirviéndote, y nadie ha venido a recibirme y ni siquiera saben que estoy aquí.*

En la quietud de su corazón, una amable y amorosa voz susurró: *Pero mi querido hijo, ¡todavía no estás en casa!*

Aunque alabo a Dios por colocarme en un hogar terrenal que con tanta claridad refleja mi hogar celestial, me doy cuenta incluso ahora, cuando visito esa antigua cabaña de troncos, que en verdad no he llegado aún al hogar debido a la promesa de Jesús a los hijos de Dios: «En el hogar de mi Padre hay muchas viviendas; si no fuera así, ya se lo habría dicho a ustedes. Voy a prepararles un lugar. Y si me voy y se lo preparo, vendré para llevármelos conmigo. Así ustedes estarán donde yo esté».[1]

¿Se ha pasado toda la vida con una serie de luchas? ¿Ha estado…

Más enfermo que sano?

Más derrotado que con éxito?

Más cansado que descansado?

Más solo que acompañado?

Más vacío que satisfecho?

Más hambriento que lleno?

Más triste que feliz?

¿Se ha sentido derrotado porque, después de una vida entera de luchas, todo lo que tiene por delante es la muerte y la tumba fría? ¡Busque! La Biblia nos enseña que Dios está preparando un hogar celestial que «ningún ojo ha visto, ningún oído ha escuchado, ninguna mente humana ha concebido […] para quienes lo aman».[2]

Independientemente de nuestras circunstancias o condición, podemos mirar hacia delante *con esperanza* mientras vislumbramos el cielo, la casa de mi Padre, la cual se está preparando como un hogar eterno para el pueblo de Dios. ¡Para usted y para mí!

Mientras era jovencita, mi visión del cielo estaba estructurada por la seguridad de mi madre de que allí tendría cualquier cosa que fuera necesaria para mi felicidad eterna. De modo que, en mi mente de niña, eso incluían las olas del océano, los picos de las montañas, una mascota favorita que murió, los juegos bíblicos los domingos por la noche con la familia, pasar la noche en la casa de mis abuelos, la comida china, ¡y una nariz pequeña! Con el paso de los años, mis requerimientos para la felicidad eterna han cambiado, pero mis sueños todavía son grandes.

¿Qué tipo de hogar piensa que es necesario para su felicidad eterna?

¿Sueña con una casa rústica junto al mar?

¿o un chalé junto a un lago?

¿o una cabaña en el bosque?

¿o un ático de lujo en la ciudad?

¿o un castillo en la colina?

¿o una tienda de campaña en el desierto?

¿o una granja en el campo?

¿o un palacio en el jardín?

Hace varios años, las palabras del apóstol Juan describiendo la fascinante visión del cielo que Dios le dio en la isla de Patmos vinieron a mi mente, modelando el centro de la «casa de mis sueños». Estaba en Âgra, India, parada frente a un estanque y contemplando la espectacular belleza que reflejaba el Taj Mahal cuando recordé la primera impresión de Juan del cielo: «Después vi un cielo nuevo y una tierra nueva, porque el primer cielo y la primera tierra habían dejado de existir, lo mismo que el mar. Vi además la ciudad santa, la nueva Jerusalén, que bajaba del cielo, procedente de Dios, preparada como una novia hermosamente vestida para su prometido» (Apocalipsis 21:1-2). Del mismo modo que una novia prepara con amor cada detalle suyo para su novio especial, Dios está preparando su hogar celestial para usted y para mí. Esta amorosa preparación está ilustrada por la historia del Taj Mahal.

Preparado con amor

El Taj Mahal se preparó como un monumento de amor. Lo construyó Sha Jahan entre los años 1632 y 1653 para su esposa. Construido de mármol blanco, brilla intensamente como una joya en la ribera de un ancho río. Está enmarcado por cuatro minaretes, cada uno situado en la esquina de un podio de gres rojo en el que se asienta todo el edificio, apuntando como largos y blancos dedos hacia el cielo. El exterior de la estructura es de mármol blanco y tiene incrustaciones de ónice negro en la que abundan inscripciones que trazan pasajes del Corán. El interior, incluyendo las paredes y el techo, está decorado con piedras semipreciosas con diseños florales que son símbolos del paraíso islámico.

¿Cómo uno se pude imaginar el esmerado trabajo artesanal involucrado en llevar a cabo un proyecto que requirió más de veinte mil trabajadores expertos y que tomó más de veinte años para finalizarlo? ¿Cómo puede uno imaginarse en primer lugar el amor que concibió tal proyecto? Aun más notable es el hecho de que con toda intención Taj Mahal no se diseñó para que fuera un palacio ni una residencia de verano, ni siquiera como un elaborado cobertizo para botes. ¡El Taj Mahal es una tumba! La construyó el extravagantemente romántico y rico cha para su amada esposa, con quien estuvo casado por solo catorce años cuando la dominó el gran igualador: la muerte. A pesar de que sepultaron a su esposa en tan maravilloso edificio, es triste pensar que cuando el cha murió, no se permitió que lo sepultaran con ella.

Si es posible que un gobernador indio prepare algo tan impresionantemente bello como el Taj Mahal a manera de tumba para su esposa de solo *catorce años*, ¿qué debe estar preparando Dios como un *hogar* donde vivirá por siempre y para siempre con su pueblo a quien ama?

Preparado en detalle

Juan vio la casa de mi Padre «preparada como una novia hermosamente vestida para su prometido» (Apocalipsis 21:2). Dudo que haya algo de más detalles que una boda. ¡Lo sé! ¡Mis tres hijos se casaron en un lapso de ocho meses entre sí! ¡Mi mente estaba a punto de estallar con todos los detalles! Mis hijas se pasaban horas para seleccionar apenas el vestido adecuado. Luego tuvieron que buscar el mejor velo que combinara con el vestido… y si este sería hasta los hombros, hasta la punta de los dedos o del largo de la capilla. A continuación buscaron los zapatos adecuados que se ajustaran al vestido, y luego seleccionaron las joyas apropiadas, el peinado conveniente, las flores idóneas, la mejor iglesia, la música pertinente y las ropas idóneas para la madrina y el padrino y, ¡alabado sea Dios!, ¡el mejor novio! Luego se hizo la selección del lugar para las cenas, los menús para las recepciones, las tortas de los novios para las recepciones y las decoraciones para cada acontecimiento. ¡Y no he mencionado las horas y horas de estar leyendo detenidamente la lista de invitaciones después de decidir el color, el tamaño, el precio y hasta el estilo de la invitación! La preparación de una boda puede ser un trabajo a tiempo completo durante los meses que preceden al día en sí. ¡Y todo eso fue solo para prepararles las novias a sus esposos!

De todos esos elaborados planes, ninguna parte de la preparación recibió más atención, pensamiento, planificación y esmero que la apariencia de la misma novia. Y a pesar de toda la planificación y atención a los detalles, ¡mis dos hijas se pusieron histéricas en cuanto a su apariencia!

Recuerdo la mañana de mi propio día de boda. Mi madre me trajo el desayuno a la cama, sirviéndolo en vajilla nueva de porcelana y con los nuevos cubiertos de plata que había recibido como regalos de boda. Después de desayunar, me quedé en mis ropas de cama, descansando y calmándome, a fin de que estuviera renovada para la ceremonia y la recepción que le seguiría esa noche. Varias horas antes tuve que dejar la casa para ir a la iglesia a fin de comenzar a prepararme. Comencé con mi maquillaje, ¡cuidadosamente aplicado a fin de realzar alguna belleza física que tuviera y ocultar los muchos defectos que tenía! Me ocupé de mi cabello, acomodándolo de modo que permaneciera bajo el velo aunque lo bastante visible de modo que enmarcara mi rostro. Por último, mi madre entró en mi habitación y me ayudó a ponerme el vestido de boda, abotonándome las docenas de pequeños botones en la espalda y ajustándome el velo del largo de la capilla. Cuando terminé con todo lo que sabía que había que hacer para estar preparada, solo me paré frente a un espejo de cuerpo entero y contemplé a la joven envuelta en seda y encaje color marfil que se reflejaba en él. Estaba tensa y ansiosa mientras me preguntaba, después de seis meses y medio de preparación, si estaría bella y deseable para mi esposo.

A pesar de lo elaboradas que fueron mis preparaciones como la novia que buscaba estar bella para mi esposo, fueron insignificantes en comparación con las preparaciones de Dios el Señor para su boda, comenzando desde el mismo principio del hogar terrenal. El primer libro de la Biblia, Génesis, nos da un inolvidable cuadro de Dios el Señor. Después de al menos cinco «días» de un trabajo intensamente creativo, «plantó un jardín al oriente del Edén, y allí puso al hombre que había formado. Dios el Señor hizo que creciera toda clase de árboles hermosos, los cuales daban frutos buenos y apetecibles».[3] Con los ojos de mi mente, puedo verlo de rodillas excavando con sus manos en el polvo, plantando árboles, flores, arbustos y césped, regándolos, podándolos y embelleciéndolos. El mismo Dios fue el primer amo de casa, preparando un lugar para sus hijos, Adán y Eva, que sería agradable a sus ojos. Solo podemos imaginar el afán lleno de gozo del Jardinero divino cuando se presentó ante Adán con su hogar amorosamente preparado que no solo era adecuado ni suficiente para suplir sus necesidades, sino que era extraordinario en su lozana belleza y comodidad.

Sin embargo, las preparaciones hechas para ese primer hogar terrenal, como las preparaciones que yo hice para mi boda, o las que hicieron mis hijas para sus bodas, o como el cha hizo para la tumba de su amada esposa, ¡son nada comparadas con las preparaciones que se han estado haciendo para nuestro hogar celestial!

Preparado para usted

Jesús prometió: «Voy a prepararles un lugar».[4] ¡Esto fue aproximadamente dos mil años atrás! En Apocalipsis 21:6, proclamó: «Ya todo está hecho. Yo soy el Alfa y la Omega, el Principio y el Fin». Lo que Dios comienza, siempre lo termina. Un día terminará el propósito de Dios que comenzó en la creación. Sus preparaciones finalizarán y la casa de mi Padre estará preparada como un hogar celestial para sus seres amados.

Cuando sé que mis seres queridos vienen a casa, sobre todo mis hijos que ahora están casados y viviendo lejos de mí, comienzo a prepararme para ellos. A mi hijo Jonathan, le encantan las costillas asadas a la parrilla, una tarta de manzana hecha en casa y un tiempo para jugar tenis con su papá. Yo le preparo esas cosas para él, así que cuando entra por la puerta de la casa, sabrá que era esperado y bien recibido, ¡porque este es su hogar!

Cuando mi hija Morrow viene al hogar, sé que a ella le encanta la torta de chocolate casera, las flores frescas en su cuarto y el tiempo para ojear los catálogos de decoración del hogar. Yo preparo esas cosas para ella, así que cuando entra por la puerta de la casa, sabrá que era esperada y bien recibida, ¡porque este es su hogar!

Las preparaciones para mi hija Rachel-Ruth son sencillas porque sé que cuando irrumpe por la puerta de la casa con sus chispeantes ojos, ella solo se alegra de estar en el hogar. ¡Absolutamente todo le viene bien! Sin embargo, sé que a ella le gusta muchísimo mi tiempo, de modo que se puede sentar y hablar, y hablar, y hablar, y hablar. Además, le encanta cualquier tipo de panecillos, dulces y pasteles hechos en casa… y en especial el caramelo de chocolate en el helado. Y por eso tengo esas cosas esperando por ella, a fin de que también sepa que era esperada y bien recibida porque este es su hogar.

Considerando cómo me preparo para mis hijos cuando sé que vienen al hogar, me encanta pensar en la preparación que Dios está haciendo para el día en que llegue a mi hogar. Sabe los colores que me gustan, los escenarios que disfruto, las cosas que me hacen feliz, todos los detalles personales me dirán cuando entre a la casa de mi Padre que era esperada y bien recibida, ¡porque Él lo preparó para mí! Y, de la misma manera, ¡Él está preparando un glorioso regreso al hogar para *usted!*

El hogar de
sus sueños

La casa de mi Padre es el hogar
que ha anhelado toda la vida.

«Ningún ojo ha visto,
    ningún oído ha escuchado,
    ninguna mente humana ha concebido
lo que Dios ha preparado para quienes lo aman.» Ahora
bien, Dios nos ha revelado esto por medio de su Espíritu.

1 CORINTIOS 2:9-10

¿Cuál es el hogar de sus sueños? Si usted es…
un esquimal viviendo en una cabaña de hielo,
un chino viviendo en una choza de bambú,
un africano viviendo en una choza de barro,
un vagabundo viviendo en una choza de periódico,
un beduino viviendo en una tienda de campaña,
un indio viviendo en una tienda cónica,
uno de la realeza viviendo en un palacio,
un inquilino viviendo en un edificio,
un habitante de los suburbios viviendo en un cobertizo,
un presidente viviendo en la Casa Blanca,
una celebridad viviendo en un ático de lujo,
un campesino viviendo en una casa de campo,
un habitante de la ciudad viviendo en una casa de vecindad,
un huérfano viviendo en un hogar adoptivo,
un criminal viviendo en una cárcel,
un soldado viviendo en un cuartel,
un mendigo sin ninguna casa…

¡no importa! Todos tenemos sueños sobre en qué hogar nos gustaría estar.

¿Sueña con un hogar al que nunca va a regresar o con el hogar que nunca va a tener?

¿Sueña con un hogar con amor, risa y lealtad, con una familia, diversión y libertad?

¿Sueña con un hogar en el que lo aceptan, lo estimulan y retan, perdonan, comprenden y consuelan?

¿Sueña con un hogar que nunca tuvo o un hogar que nunca tendrá?

¿Cuándo su hogar comenzó a librarse de obstáculos? ¿Le han golpeado de repente con el divorcio, la muerte, la enfermedad, la depresión o mil y una dificultades diferentes que le han cambiado sus sueños en una pesadilla?

¡Hay esperanza! El hogar que siempre ha deseado, el hogar que sigue ansiando con todo su corazón, ¡es el hogar que Dios está preparando para usted! Mientras Juan continuaba mirando con fijeza la visión de la gloria de Jesucristo que Dios le revelaba, debió haber permanecido en un asombroso sobrecogimiento ante «un cielo nuevo y una tierra nueva» (Apocalipsis 21:1). Lo que vio quedó confirmado por las palabras del Único que está sentado en el trono: «¡Yo hago nuevas todas las cosas!» (Apocalipsis 21:5). Imagine esto: Un día, en el hogar soñado de la casa de mi Padre, ¡*todas las cosas* serán nuevas!

Sin separación

Después que los terroristas atacaron el Centro de Comercio Mundial en la ciudad de Nueva York y en el Pentágono en Washington, D.C., nuestra nación se quedó prendida por las desgarradoras escenas de miles de individuos deambulando por las calles del bajo Manhattan que llevaban fotos de sus amigos y miembros de su familia que estaban perdidos. Una cerca recubriendo uno de los parques cercanos vino a ser un muro de recordación a medida que se fijaban cientos de fotos con descripciones detalladas de lo que sus seres queridos perdidos llevaban puesto, de dónde trabajaban, de cuándo fue la última vez que los vieron… todo con la esperanza de encontrar a esas personas perdidas. Mientras los días se convertían en semanas, vino a ser obvio que no había más sobrevivientes. Justo cuando nuestra nación pensó que no tenía más lágrimas que derramar, llorábamos sin consuelo mientras se comenzó una serie de al parecer interminables servicios de recordación y se consumó la separación entre amigos y seres queridos. Cada corazón dolorido y despedida llorosa me hicieron anhelar la casa de mi Padre.

Juan nos reafirma que en el cielo no habrá separación cuando dice: «Y el mar ya no existía más» (Apocalipsis 21:1, RV-1960). Ahora bien, me encanta el mar. Cada verano paso allí todo el tiempo que me sea posible. Me gusta ver la vasta expansión del cielo y el agua. Me encanta escuchar las

olas golpeando en la costa. Me gusta caminar por la playa y
sentir la arena debajo de mis pies y la brisa soplando con
delicadeza en mi rostro. Sin embargo, ¡el mar separa familias y amigos y todos los continentes entre sí! En el cielo, no
habrá *nada* que nos separe los unos de los otros ni de Dios.
¡Jamás!

No habrá guerras, campos de refugiados ni purgas étnicas,
   No habrá prejuicios raciales, políticos ni religiosos,
      No habrá viajes de negocios ni llamados militares,
         No habrá fuegos, hambrunas ni inundaciones,
            No habrá peligros ni situaciones difíciles,
               No habrá enfermedades ni debilidades,
                  No habrá divorcio ni muerte,
               No habrá escombros ni restos de prisiones,
            No habrá sentimientos difíciles ni hirientes,
         No habrá incomprensiones ni espíritus críticos,
      No habrá religiones, encuestas, ni denominaciones,
   No habrá sistemas de clases, sanciones económicas ni
esclavitud humana,
Nunca *nada* nos separará en la casa de mi Padre.

   ¡Disfrutaremos de perfecta salud, armonía y unidad y de
ininterrumpidos tiempos juntos! No habrá jamás la separación natural entre la noche y el día porque: «La ciudad no
necesita ni sol ni luna que la alumbren, porque la gloria de
Dios la ilumina, y el Cordero es su lumbrera» (Apocalipsis
21:23). Nuestro hogar celestial brillará e irradiará con la luz

interior... la luz de Dios mismo y del glorioso fulgor de su presencia.

He estado de noche en algunas de las grandes ciudades del mundo. Después de la puesta del sol he observado desde la cumbre Victoria, en Hong Kong y durante el año nuevo chino, y he visto que las luces transforman las colinas que rodean el puerto en un fantástico y mágico lugar. He visto en la noche las luces de Ciudad de El Cabo, Sudáfrica, como un círculo en Table Mountain formando una vasta falda tachonada de joyas. Después de la cena, he visto París desde Montmartre, extendida por kilómetros en un interminable mar de luz con la iluminada torre Eiffel llamando como un dedo a esos que aman la belleza.

Sin embargo, aun en esas grandes ciudades con sus millones de luces, todavía hay resquicios de oscuridad. En nuestro hogar celestial, no habrá ninguna oscuridad. Nadie tropezará nunca, ni se perderá, ni será incapaz de encontrar su propio camino. Jesús dijo: «Yo soy la luz del mundo»,[1] y también dijo que nosotros somos «la luz del mundo».[2] La única luz en el cielo será la que viene directamente de Dios a través de Jesucristo, ¡y esa luz se reflejará en la vida de cada uno de sus hijos! Toda la ciudad se saturará con la gloria y la luz de vida, verdad, justicia, bondad, amor y paz. ¡Su esperanza es segura! Juan dijo que se le instruyó lo siguiente: «Escribe, porque estas palabras son verdaderas y dignas de confianza»

(Apocalipsis 21:5). Usted y yo podemos mirar hacia delante con esperanza segura: ¡nuestro hogar celestial será perfecto!

Sin dejar marcas

Debido a que el cielo es perfecto, no habrá nada que dañe su belleza. Mi esposo, Danny, y yo compramos la casa en que vivimos cuando tenía veinte años de construida y ya hemos vivido en ella treinta años. Puesto que tiene cincuenta años, hay algunas manchas que nunca seré capaz de quitar, algunas resquebraduras en la losa que nunca podré reparar, algunos desgastes y desgarraduras que le dan a la casa un aspecto un poco raído, deteriorado. Son solo las huellas del tiempo. Cuando visito algunos de mis amigos en sus casas nuevas, observo con añoranza el enmaderamiento reciente y sin marcas y las paredes pintadas; la alfombra nueva y sin manchas; los nuevos y brillantes pisos y equipos eléctricos; los cristales de las ventanas flamantes y sin arañazos. ¡Todo es nuevo! ¡Nuevo! ¡Sin marcas, ni suciedades, ni desgastes por el tiempo!

El planeta tierra tiene, al menos, miles de años de edad. Algunos piensan que quizá sean millones o billones de años. Y esto da muestra de las señales del tiempo. Se está desgastando y deteriorando. Está contaminada, herida, quemada y envenenada, y muchos de los daños los ha infligido el hombre deliberada y egoístamente. Sin embargo, algunas de las marcas dejadas se deben solo al desgaste y a las desgarraduras del tiempo. ¡No se creó para que durara para siempre!

En contraste, nuestro hogar celestial va a ser flamante. No solo restaurado, sino de nueva creación. Juan enfatizó esto una vez tras otra cuando describió «un cielo *nuevo* y una tierra *nueva*» y una «*nueva* Jerusalén», y de nuevo la orden clara vino del Único que está sentado en el trono, diciendo: «¡Yo hago nuevas todas las cosas!» Entonces dijo: «Escribe, porque estas palabras son verdaderas y dignas de confianza». Dios mismo estaba confirmando que todas sus promesas son dignas de confianza.

¿Qué marcas de pecados o suciedades de culpa lleva en su vida? ¿En sus emociones? ¿En su personalidad? ¿En sus relaciones? ¿En sus recuerdos? Al igual que el planeta tierra, ¿se siente maltratado, herido, desgastado y consumido por otras personas? ¿Muestra su vida las señales de desgaste y desgarramiento infligidos a propósito y con egoísmo por esos que están en autoridad sobre usted? ¿Siempre ha anhelado ser capaz de comenzar de nuevo su vida? Quizá se puede identificar con el siguiente testimonio de una mujer que habló conmigo hace varios años.

Después de presentar un mensaje a una gran convención, se me acercó esta mujer y me contó a grandes rasgos su historia. Describió que se había criado en una familia donde su padre y hermanos la ultrajaron sexualmente una y otra vez. Estaba tan humillada, enojada y airada, que se hizo adulta teniendo un estilo de vida muy inmoral. Cuando al fin se casó y tuvo una familia, maltrató a sus propios hijos. Un día escuchó que Dios la amaba y que envió a su Hijo, Jesucristo, a morir con el fin de limpiarla de sus pecados. Ella respondió pidiéndole a Dios que la perdonara y limpiara en el nombre de Jesús, y dijo que sabía que Él le contestó su oración. «Sin embargo», dijo llorando con suavidad, «apenas veo el perdón. ¿Qué puedo hacer con los recuerdos?»

¿Qué le diría? No había nada que pudiera hacer excepto rodearla con mis brazos y decirle que un día no habrá más cicatrices. Dios enjugará toda lágrima y borrará todo recuerdo de pecado y maltrato. *Todas las cosas*, incluyendo el corazón, la mente, las emociones, el alma y los recuerdos pasados, presentes y futuros, se harán nuevos.

No obstante, hasta entonces Dios nos da ánimos. Esa certeza se ilustra con esta historia verídica que tuvo lugar hace unos años en las Tierras Altas de Escocia. Un grupo de pescadores, sentados alrededor de una mesa en una pequeña taberna, contaban sus «historias de pesquerías». Cuando uno de los hombres movió con violencia sus brazos para describir más vívidamente la pesca que tuvo, golpeó por accidente la bandeja de bebidas que el joven tabernero traía a la mesa. La bandeja y las bebidas volaron por el aire, estrellándose contra la recientemente pared blanqueada. Cuando el sonido de los vidrios rotos y de las salpicaduras de cerveza llenó el local, la taberna quedó en silencio mientras todos los ojos se volvían a la fea mancha marrón que se formó en la pared.

Antes que nadie pudiera recuperarse de la sorprendente interrupción, un visitante que había estado sentado en silencio en un rincón saltó, sacó un pedazo de carbón de su bolsillo y comenzó rápidamente a dibujar alrededor de la fea mancha marrón. Para asombro de todos los presentes, justo ante sus ojos la mancha se transformó en un magnífico ciervo con sus astas extendidas, corriendo a través de un prado en una región montañosa. Entonces el visitante firmó su improvisada obra de arte. Su nombre era Sir Edwin Landseer, el principal artista de la fauna silvestre.

Dios transforma vidas como Sir Landseer transformó la horrible suciedad en la pared de esa taberna. ¿Cuán fea mancha marrón lleva en su vida? Como la mujer en la convención, ¿lo ultrajaron en su niñez? ¿Ha cometido abuso deshonesto con el niño de alguna persona? ¿O el suyo propio? ¿Lo han violado? ¿Ha sido la víctima de un crimen violento? ¿Ha tenido un aborto? ¿O se ha sometido a uno? ¿Ha cometido adulterio? ¿O seducido a otra persona a hacerlo? ¿Hay en su vida una horrible adicción a las drogas?, ¿al alcohol?, ¿a la pornografía?

Independientemente de qué mancha sea, sométasela a Dios. Debe estar deseando alejarse de cualquier pecado y de todos los pecados. Punto. Entonces Dios se destaca en la transformación de las feas manchas marrón en bellas señales cuando las rendimos a Él. Le traerá paz y libertad y gloria a Él mismo. Y cuando lleguemos al cielo, allí no habrá más cicatrices, ni sufrimientos de ningún tipo, inclusive de la clase que le causó la herida que ha marcado su vida.

Sin sufrimientos

El cielo no solo se *verá* flamante y nuevo, ¡se *sentirá* flamante y nuevo! Juan no solamente nos da una visión de la resplandeciente belleza del cielo, sino un «sentimiento» de la serenidad del cielo, la cual impregna la atmósfera porque Dios está allí: «Oí una potente voz que provenía del trono y decía: "¡Aquí, entre los seres humanos, está la morada de Dios! Él acampará en medio de ellos, y ellos serán su pueblo; Dios mismo estará con ellos y será su Dios. Él les enjugará toda lágrima de los ojos. Ya no habrá muerte, ni llanto, ni lamento ni dolor, porque las primeras cosas han dejado de existir"» (Apocalipsis 21:3-4).

¿De qué manera está sufriendo? ¿Es su sufrimiento...

Físico?

Emocional?

Mental?

Financiero?

Material?

Relacional?

Social?

Espiritual?

Un día, Dios mismo tomará su rostro en sus manos y con delicadeza enjugará sus lágrimas mientras le asegurará que no habrá más sufrimiento en la casa de mi Padre. No más...

    dolor
        ni hospitales
            ni muerte
                ni funerales
                    ni pesar
                        ni andadores
                            ni bastones
                                ni sillas de ruedas.

No habrá más...
    hogares destrozados ni corazones quebrantados,
        bombarderos suicidas ni ardientes infiernos,
            vidas destruidas ni sueños rotos.

No habrá más...
    retraso mental ni minusvalía física,
        distrofia muscular ni esclerosis múltiple,
        ceguera ni cojera,
            sordera ni enfermedad.

No habrá más...
    enfermedades de Parkinson ni cardíacas,
        diabetes ni artritis,
            cataratas ni parálisis.

No más...
    cáncer, ni derrames cerebrales, ni SIDA.

No más…
armas en las escuelas
ni autos bombas
ni terroristas
ni misiles
ni ataques aéreos.

¡No más guerra!

Usted puede mirar al futuro con esperanza porque un día no habrá más separación, no más cicatrices, ni más sufrimiento en la casa de mi Padre. ¡Este es el hogar de sus sueños!

Un hogar que es seguro

La casa de mi Padre le guardará
a usted y sus seres queridos de
todo daño y peligro.

T*enía una muralla grande y alta.*

APOCALIPSIS 21:12

El 11 de septiembre de 2001, al igual que millones de estadounidenses, me senté pegada a mi televisor. Las horripilantes escenas de los aviones de pasajeros estrellándose contra las torres y el Pentágono, las bolas de fuego en erupción y los edificios desplomándose, que presentaban una vez tras otra, están fijas en mi mente de manera imborrable.

Me pregunto cuántos padres se enfrentaron con hijos llorosos y aterrorizados que ese martes por la tarde regresaron al hogar de la escuela indagando: «Mami, papi, ¿estamos en guerra? ¿Nos vamos a morir? ¿Estaremos seguros?» ¿Qué le contestaron los padres? ¿Le dijeron la verdad? ¿O solo les dieron palabras vacías de consuelo porque no tenían respuestas?

Cuando no podemos garantizar la seguridad de nuestros hijos, de nosotros mismos, ni la de ningún otro en esta vida, Jesucristo nos garantiza nuestra seguridad en la eternidad. Cuando usted y yo ponemos nuestra fe en Él como nuestro Salvador y le entregamos nuestra vida a Él como Señor, Dios promete que «todo aquel que cree en él no [muere], sino que [tiene] vida eterna».[1] ¡Y la «vida eterna» se disfrutará con Dios y su familia en la casa de mi Padre!

En Apocalipsis 21, el apóstol Juan describe la vislumbre que se le dio del hogar celestial de Dios. ¡La casa de mi Padre es real! No se trata de:

una idea abstracta

ni de la fantasía de niño

ni de un tema musical para una sinfonía

ni de un concepto artístico de la belleza celestial

ni del escape imaginativo del peligro, de una persona temerosa.

Se trata del único hogar verdadero que le guardará a usted y a sus seres queridos felices, saludables y seguros… ¡para siempre!

El ángel que llevó a Juan en una visita guiada, literalmente midió las dimensiones del cielo, enfatizando que este es en realidad un lugar preciso, específico, físico y real: «El ángel que hablaba conmigo llevaba una caña de oro para medir la ciudad, sus puertas y su muralla» (Apocalipsis 21:15). ¡La ciudad que midió era sumamente grande!

¿Se ha sentido alguna vez atrapado en una casa pequeña?

¿o en un dormitorio?

¿o en la cama de un hospital?

¿o en una silla de ruedas?

¿o en un cubículo de oficina?

¿o en la celda de una cárcel?

¡Entonces puede esperar con ansias la casa de mi Padre! El cielo es un lugar muy real que le dará una libertad muy real. Nunca necesita temer a...

los secuestradores ni bombarderos,

los terroristas ni a las amenazas,

los juicios ni a los disparos,

a las balas ni a los bandidos,

las fronteras que restringen,

las barricadas que detienen,

los límites que silencian, los muros que ahogan,

los aviones que se estrellan, los edificios que se desploman.

Un hogar espacioso

El ángel que guió al apóstol en la visita a la casa de mi Padre midió un hogar que era tan espacioso que va más allá de nuestra comprensión. Aunque todavía está por verse si la medida que Juan registró se puede tomar literalmente, el doctor Henry Morris, en su libro *The Revelation Record* [El registro de Apocalipsis], las calculó matemáticamente.[2] Ellas describen que un cubo es de tres mil ochocientos ochenta y cinco kilómetros cuadrados, lo cual es tan grande como de Canadá a México, y del océano Atlántico hasta las montañas Rocosas. Esto podría acomodar con facilidad a veinte mil millones de residentes, teniendo cada uno su propio cubo, o habitación, o mansión privada de poco más de treinta hectáreas. Esto todavía dejaría abundancia de habitaciones por las calles, los parques y los edificios públicos. ¡El cielo es un lugar grande! «En el hogar de mi Padre hay muchas viviendas»… ¡las viviendas suficientes para todo aquel que decida ser miembro de la familia de Dios![3] Así que, por favor, invite con toda confianza a su familia completa, incluyendo a los parientes políticos y no políticos,

a cada uno de sus amigos,

a todos sus vecinos,

a la población completa de su ciudad,

a su estado, su nación…

¡a todo el mundo!

¡El cielo es un magnífico y gran lugar que es verdadero! ¡Es un lugar real que se puede sentir, ver y medir! Mientras que progresivamente destruimos el planeta tierra, es emocionante contemplar que en alguna parte del universo, en este mismo instante, se está preparando un hogar celestial para nosotros. Mientras termina este mundo, comienza un mundo nuevo.

De vez en cuando las personas me preguntan, y yo me pregunto, a qué se parecerá el cielo. Sin el mar, ¿será menos agradable que la tierra y sus poderosos océanos? Sin los atardeceres ni los amaneceres, ni las lunas llenas, ni las estrellas fugaces, ¿será menos bello que la vasta expansión que se extiende sobre nuestro hogar terrenal? Me pregunto… ¡entonces recuerdo que Jesús sabe con exactitud qué me da placer y gozo! El Creador que creó toda la belleza terrenal nos desarrolló para amar…

Las majestuosas cumbres nevadas de los Alpes,
El río que se desliza con rapidez por la montaña,
Las brillantemente coloreadas hojas del otoño,
Las alfombras de flores silvestres,
Las relucientes aletas de un pez cuando salta
    en un chispeante mar,
El elegante deslizamiento de un cisne a través del lago,
Las alegres notas de la canción de un canario,
El zumbido de las alas de un colibrí,
La trémula luz del rocío en el césped por
    la mañana temprano…

¡Este es el *mismo* Creador que ha preparado el hogar celestial para nosotros! Si Dios pudo hacer los cielos y la tierra tan bellos como pensamos que están hoy, lo cual incluye miles de años de desgaste y destrucción, corrupción y contaminación, pecado y egoísmo, ¿se puede imaginar cómo lucirán el nuevo cielo y la nueva tierra? ¡Será mucho más glorioso de lo que ningún ojo ha visto, ningún oído ha escuchado, ninguna mente humana jamás ha concebido![4] ¡Y Juan lo vio!

Un hogar seguro

Juan vislumbró «una muralla grande y alta […] hecha de jaspe» que rodeaba nuestro futuro hogar (Apocalipsis 21:12,18). Se describe que la muralla tenía como sesenta y cinco metros de grosor y estaba hecha de jaspe, ¡una piedra preciosa parecida al diamante! ¿Se puede imaginar la belleza de una muralla de sesenta y cinco metros de grueso hecha de «diamantes» que reflejan la luz de Dios? ¿Se imagina la seguridad de esos que viven dentro de esas murallas de sesenta y cinco metros de ancho? Las murallas son tan fuertes que los seres amados de Dios vivirán eternamente seguros.

¿Alguna vez ha visto a una víctima de un crimen violento? ¿Un tiroteo desde un auto? ¿Violación? ¿Robo? ¿Asalto? ¿Alguna vez uno de sus hijos ha sido víctima de un crimen violento o quizá ha estado involucrado en un trágico accidente de auto?

Hace varios años mi esposo y yo navegábamos por el mar Egeo en un bello barco como los huéspedes de unos amigos cuando recibí la noticia de que el capitán en el puente de mando deseaba hablar conmigo. Cuando subí, me dijo que tenía una llamada telefónica por la radio del barco. Al contestar e identificarme, la voz de un joven se escuchó por el receptor. Era el hijo de una amiga querida que había sido compañera mía en el tenis y alumna de mi clase de Biblia. Me dijo que su madre y su padre habían salido a caminar en la noche fresca por una vereda del campo cuando un auto que pasaba se desvió de repente, cobrando la vida de su madre. Me llamaba para pedirme que hablara en su funeral. Estuve de acuerdo.

Poco después de llegar a casa, me paré frente a una iglesia abarrotada e inundada con familiares conmocionados y amigos y afligidos. Con toda la sencillez posible, les hablé acerca de la casa de mi Padre, donde se había ido mi amiga a vivir para siempre. ¡Y me consoló saber que ella estaba sin peligro alguno dentro de esas murallas de sesenta y cinco metros de ancho!

Cuando mis tres hijos estaban creciendo, hice todo lo que sabía para garantizarles su seguridad. Medicamentos con tapas a prueba de niños, sustancias químicas fuera de su alcance, cinturones de seguridad bien sujetos, tomarlos de la mano con fuerza mientras caminábamos, severas advertencias con relación al fuego y a las tomas eléctricas, todo esto fue parte de la rutina normal y diaria. Cuando se hicieron adultos, se fueron a la universidad, luego a otros hogares y ciudades donde no los podía supervisar. No había forma de seguirlos a cada momento en lo que participaban, ni con los que se relacionaban. Sin embargo, tenía una profunda paz porque todos mis hijos, cuando eran pequeños, depositaron su fe en Jesucristo como su Salvador. Sabía que habían nacido de nuevo en la familia de Dios y, por lo tanto, la casa de mi Padre también era de ellos. Sin importar lo que pasara aquí en esta vida, sabía que estaban eternamente seguros.

¿Qué ha hecho usted para garantizar que sus hijos estén seguros en la eternidad? No deje el asunto de la seguridad de sus hijos a la iglesia, a la escuela, ni a un líder «profesional» religioso. Es su responsabilidad y su privilegio hablarles a sus hijos acerca de Dios, de sus propios pecados, de su necesidad de aceptar a Jesucristo como su Salvador con el objetivo de que van a recibir la limpieza de sus pecados, hablarles acerca de la casa de su Padre y de cómo llegar allí. Si por alguna razón ya no tiene la oportunidad de asegurar su «seguridad», solo ore, deposite su confianza en Dios por la seguridad que le dará un día a usted y pídale que obre a favor de sus hijos.

Cuando leo…

> de barrios pobres superpoblados,
> de suburbios pobres despedazados,
> de lugares de trabajo de explotación,
> de labor de esclavo,
> de tiroteos desde los autos,
> de adicciones a las drogas,
> de ataques terroristas,
> de temblores de tierra y terremotos,
> de enfermedades incurables,
> de muertes prematuras,
> de desapariciones misteriosas,
> de ataques con misiles,
> de pandillas de violadores,
> de robos violentos,
> de fracasos financieros,
> de negocios en bancarrota,
> de fluctuaciones del mercado de valores,

de invasiones militares,
de odio racial,
de injusticia social,
de corrupción nacional,
de opresión política,
de armamentos de destrucción masiva,
de guerra bacteriológica,
alabo a Dios por la casa de mi Padre, la cual es invulnerable
y segura… ¡para siempre!

Un hogar que nunca puede perder

La casa de mi Padre se construyó para siempre.

A*sí que nosotros,*
que estamos recibiendo un reino inconmovible, seamos
agradecidos. Inspirados por esta gratitud,
adoremos a Dios como a él le agrada, con temor
reverente.

HEBREOS 12:28

Nada es más desalentador que construir una casa nueva o remodelar una vieja, solo para encontrar, un año después que se terminó el proyecto, que caen goteras del techo, los pisos están deteriorados, las tuberías están rotas, las ventanas están pegadas y esto, por lo general, no ocurre con el uso y el desgaste diarios. Cuántas veces escuchamos hablar de algún frustrado propietario de casa que comenta con tristeza: «¿No construyeron las casas para usarlas?» Sabe que muchas casas más antiguas se construyeron para que duraran, mientras que las construcciones modernas son menos duraderas.

Las torres gemelas del Centro de Comercio Mundial en la ciudad de Nueva York se construyeron en las décadas de los sesenta y setenta, y se edificaron para que duraran. Expertos arquitectos y robustos trabajadores de la construcción se afanaron siete años para terminar los dos edificios. Las torres se construyeron con vigas de acero a un metro unas de otras desde los cimientos del edificio hasta la parte superior de los ciento diez pisos. Se construyeron para que soportaran el impacto de uno de los más grandes aviones de ese día. Sin embargo, el 11 de septiembre de 2001, a continuación del ardiente impacto de los aviones de pasajeros modernos cargados a plena capacidad de combustible, ambas torres se desplomaron en las henchidas nubes de polvo, ceniza y metales retorcidos. Las torres gemelas, construidas para que duraran por generaciones, no resistieron ni siquiera una.

En 1912, el mayor y más lujoso barco jamás construido en ese tiempo, el *Titanic*, partió de Inglaterra en su navegación inaugural, con destino a Estados Unidos. El barco opulentamente equipado era de doscientos sesenta metros de largo y hacían alarde de sus dieciséis compartimentos impermeables para mantener sus pasajeros a flote sin peligro alguno, independientemente de qué riesgos corriera el barco en el mar. Se dijo que el *Titanic* era el barco más seguro jamás construido. Y puesto que se pensaba que era insumergible, los botes salvavidas parecieron como un frívolo desperdicio de espacio. El gran barco llevaba solo la mitad del número necesario para acomodar a los dos mil doscientos pasajeros y su tripulación. A lo mejor asombrado por esa falta mientras partía el barco, uno de los pasajeros al parecer le preguntó a un marinero de cubierta: «¿Es en verdad insumergible el *Titanic*?»

«¡Ni el mismo Dios podría hundir el *Titanic*!», replicó el arrogante marinero.

Pero entonces, apenas antes de medianoche en una clara noche sin luna en el norte del Atlántico, el *Titanic* chocó contra un iceberg y se hundió en menos de tres horas más tarde, llevando casi mil quinientas almas a la eternidad. El magnífico e «insumergible» barco, construido para que durara por mucho tiempo, se hundió en su primer viaje.

El cielo es permanentemente suyo

La casa de mi Padre es un hogar construido para que dure, no solamente por un tiempo, ¡sino para siempre! Mientras Juan continuaba contemplando la espectacular visión que Dios le dio, describió el cielo como una ciudad con cimientos: «La muralla de la ciudad tenía doce cimientos, en los que estaban los nombres de los doce apóstoles del Cordero […] Los cimientos de la muralla de la ciudad estaban decorados con toda clase de piedras preciosas» (Apocalipsis 21:14,19). Las murallas del cielo están en realidad construidas sobre doce cimientos, cada uno decorado con una piedra preciosa diferente. En adición a la espectacular belleza que esto implicaba, podemos estar seguros que el cielo es eterno e inconmovible. ¡Es permanente!

Todos los días las primeras planas de nuestros periódicos contienen historias de bombardeos suicidas, de matanzas de familias, de intrigas políticas y de insurrecciones nacionales, de las fluctuaciones del mercado de valores, de desastres del medio… y los informes continúan en las segundas páginas de los periódicos. Y en las terceras páginas. Nuestro mundo es un lugar muy inestable. Nunca estamos seguros de nuestro futuro, ni el de la próxima generación. El temor y la aprensión de lo que nos espera al doblar de la esquina de nuestra vida pueden ser paralizantes. Sin embargo, cuando lleguemos al cielo, estaremos con la certeza y la seguridad de la absoluta, total e infinita estabilidad.

El cielo es personalmente suyo

Cada uno de los doce cimientos del cielo tiene también grabado «los nombres de los doce apóstoles del Cordero» (Apocalipsis 21:14), quienes asumieron la responsabilidad de dar a conocer a Jesucristo en el mundo. Me pregunto qué pensaba Juan mientras contemplaba la ciudad celestial y veía su propio nombre escrito en uno de los cimientos. Qué sensación debió haber tenido cuando se dio cuenta que todo su trabajo por Dios y su testimonio por Jesucristo, por el cual lo azotaron, encarcelaron y, ahora, lo exiliaron, ¡se había guardado por él en el cielo como un glorioso tesoro![1] Toda la obra de su vida era valiosa porque tenía alcance eterno. Su esperanza estaba fundada en el cielo. ¡Personalmente!

Y me pregunto, ¿cómo se sentiría Abraham cuando vio la ciudad por primera vez? Hace aproximadamente cuatro mil años, Abraham salió de Ur de los caldeos en busca de «la ciudad de cimientos sólidos, de la cual Dios es arquitecto y constructor».[2] Cuando siguió a Dios en fe, vivió en una tienda de campaña que constantemente mudaba de un lugar a otro. Nunca se estableció. Nunca se le permitió echar raíces ni tener algún tipo de residencia permanente. Sabía que solo era un forastero y un extranjero en la tierra, apenas un peregrino pasando a través de ella hacia una magnífica ciudad eterna con cimientos.[3]

Se imagina la emoción que sentiría Abraham cuando irrumpió a través de las puertas de la casa de mi Padre, gritando: «¡La encontré! ¡Al fin la encontré! ¡Encontré lo que he estado buscando! ¡Encontré lo que he estado esperando! ¡Valió la pena todos los días y las noches de vagar y vivir en tiendas de campaña! ¡Todas las promesas de Dios son verdaderas!» Cada una de las metas; las esperanzas y los sueños, esas cosas que eran el motor impulsor en su vida, se enfocaron en su hogar eterno, ¡y no se decepcionó!

Mi esposo ha jugado baloncesto toda su vida. Creció jugando en las calles de la ciudad de Nueva York, en los patios, en las canchas de juego e incluso en un antiguo granero que su padre transformó para ese fin. Uno de los sueños de su niñez se cumplió cuando le concedieron una beca de cuatro años para jugar en una gran universidad. El segundo año que jugó en la universidad, su equipo salió invicto en treinta y dos juegos seguidos. No solamente ganaron el campeonato nacional de la NCAA [por sus siglas en inglés, de la Asociación Deportiva Universitaria Nacional], sino que el récord que implantaron en esa temporada todavía sigue vigente. Este fue el logro de una meta de toda la vida que logró con horas y horas de tiempo, esfuerzo y energía. Danny describe la experiencia de la victoria de ese juego final por el campeonato nacional, ¡en triples horas extra!, como una emoción que nunca antes ni después experimentó. Sin embargo, a las pocas horas, el entusiasmo se fue, el vacío ocupó su lugar y se preguntó: *¿Eso es todo lo que hay?* Una colección empolvada de placas, unos pocos recortes de periódicos que se pusieron amarillos y los recuerdos que desaparecieron con el tiempo es todo lo que quedó de la emoción que fue el sueño y logro de toda una vida.

Cuando el juego de la vida termine y pasemos a la eternidad, me pregunto cuántas personas tendrán el mismo sentimiento de vacío: *¿Eso es todo lo que hay? ¿Eso es todo lo que hay de mi trabajo, sueños y logros de la vida?*
Los títulos ganados con el sudor de la frente,
    lo que se luchó por la posición,
        la reputación mundial,
            la riqueza acumulada,
                el sobresaliente currículum vitae,
                    los diseños de casas,
                        las ropas a la moda,
                            las colecciones de arte,
                                las joyas que no tienen precio,
                                los viajes exóticos,
                                    las comidas gourmet,
                                      la constitución física,

un día se desintegrarán en un eterno vacío. ¿Estará su vida desgastada debido a que no tiene un verdadero significado eterno? Negará con la cabeza mientras mira hacia atrás en las cenizas de su malgastada vida y gemirá: «¿Eso es todo lo que hay que mostrar por una existencia de vida y trabajo?»

O, un día, como Abraham, mientras entra en la casa de mi Padre, gritará: «¡Esto es! ¡Lo encontré! ¡Al fin lo encontré! ¡Todo lo que soñé antes y busqué después está aquí! ¡Valió la pena! ¡Encontré todo lo que esperaba y mucho más, en la casa de mi Padre! ¡Para siempre!»

Un hogar de valor eterno

La casa de mi Padre es
una buena inversión.

Acumulen para sí tesoros en el cielo, donde ni
la polilla ni el óxido carcomen, ni los ladrones
se meten a robar.

MATEO 6:20

El oro es uno de los más preciados artículos. Acumulamos oro, usamos oro, invertimos en oro, trabajamos mucho por más oro… ¡nos encanta el oro! Sacrificamos nuestra familia, nuestros amigos, nuestra reputación, nuestra salud, todo con el fin de incrementar nuestra reserva de tesoros terrenales. Queremos comprar más cosas…

así empolvamos más cosas

así rompemos más cosas

así vendemos más cosas

así logramos más cosas

así mostramos con orgullo más cosas…

así organizamos más cosas.

¡ninguna de las cuales durará!

Tesoros vivientes

La ciudad y las calles en la casa de mi Padre son espectaculares: «La muralla estaba hecha de jaspe, y la ciudad era de oro

puro [...] La calle principal de la ciudad era de oro puro»
(Apocalipsis 21:18,21). ¡Piense en esto! Capas y capas de él,
toneladas y toneladas de él, kilómetros y kilómetros de él
que se extienden en todas direcciones por debajo de nuestros
pies. Si el apóstol Juan todavía no nos ha convencido de que
la casa de mi Padre es espectacular, sin duda lo hace su descripción de las calles. Sin embargo, me pregunto si allí hay
un sutil mensaje para nosotros contenido en su descripción... un mensaje que mi sabia madre, con su característico
humor, ¡me señaló cuando secamente exclamó que uno
puede decir lo que Dios piensa del oro porque pavimenta las
calles del cielo con él! En realidad, ¡el oro es precisamente el
asfalto celestial! En otras palabras, hay muchas cosas aquí
abajo en la tierra a las que les damos una gran prioridad, lo
cual en la eternidad será intranscendente e insignificante.

Es sensato analizar cuánto tiempo, esfuerzo, sacrificio,
compromiso y atención invertimos en adquirir e incrementar nuestras reservas de algo que es insignificante por
completo en la eternidad. ¿Cuáles son *sus* prioridades? A
medida que las vive, ¿tendrán valor y significado eternos?
Jesús les mandó a sus discípulos que no acumularan tesoros
en la tierra donde la polilla y el óxido carcomen, y donde
los ladrones se meten a robar, sino que acumularan tesoros
en el cielo.[1] Me pregunto, ¿qué tesoros tendremos en el
cielo como evidencia de nuestro trabajo y testimonio en la
tierra, si es que hay alguno?

¡Se dice que nunca se ha visto un camión de mudanzas detrás de un coche fúnebre! No hay nada que nos podamos llevar al cielo con nosotros, *¿o es que lo hay…?*

- Cuando mis hijos eran pequeños, luchaba una mañana tras otra para captar su atención en la lectura bíblica y la oración diarias. Semana tras semana los llevaba a rastras, a menudo con los zapatos sin atar y el cabello sin peinar, a la Escuela Dominical y a la iglesia. Todas las noches les leía historias de la Biblia y trataba de explicarles las verdades sencillas de la Palabra de Dios. Finalmente, mis hijos respondieron aceptando a Jesús como su Salvador personal. ¡Gloria a Dios! *¡Alabado sea Dios!* ¡Mis hijos se unirán a mí en la casa de mi Padre! ¡Mi inversión en sus vidas traerá como resultado un glorioso «pago» en el cielo!

- El misionero que hablaba no estaba vestido a la moda. Hablaba entrecortada y nerviosamente agitado frente a la congregación bien vestida, de miembros estadounidenses más o menos adinerados y consentidos. Sin embargo, el informe que dio comenzó a describir vívidamente lo que Dios estaba haciendo en una remota y casi olvidada parte del mundo. Cuando se pasó el plato de la ofrenda, entregué todo el dinero que llevaba conmigo en ese momento. Después de unas semanas más de permiso de ausencia, el misionero regresó a su campo de servicio. Me envió los boletines de sus actividades. Una foto en su boletín lo mostraba bautizando un pequeño grupo de nuevos creyentes en un sucio río. Mientras contemplaba el cambio de vida eterno que Jesús hizo en la vida de esos en la foto, experimenté una emoción. ¡Alabado sea Dios! ¡Me voy a llevar a la casa de mi Padre los beneficios de mi inversión en ese ministerio del misionero!

- La histórica iglesia estaba localizada en el centro de una de las principales capitales del mundo. El santuario estaba lleno y las habitaciones adicionales estaban atiborradas al máximo por personas que estaban ansiosas por escuchar una palabra del Señor. Apenas acabé el mensaje de la noche, cuando ella se paró frente a mí. Era fina, joven, con una expresión algo asustada en su rostro. Con la ayuda de otra mujer, me dijo entrecortadamente que acababa de llegar a la ciudad desde Beijing, China. Su curiosidad acerca del cristianismo la atrajo al culto multitudinario de la iglesia donde había encontrado a Jesucristo y orado para recibirlo como su Salvador. Le pregunté si tenía algunos interrogantes. Entonces puse mis brazos a su alrededor y oré a Dios. ¡Sabía que un día me uniría a esta temblorosa jovencita en la casa de mi Padre! En esencia, ¡la llevaría conmigo al cielo!

- Mi hija entró corriendo a mi casa, sujetando con fuerzas un correo electrónico que acababa de recibir en la oficina de nuestro ministerio. Era de un hombre de la costa oeste que había visto la entrevista que me hicieron en la televisión nacional y, como resultado, había comprado mi libro *Solo Dame a Jesús*. El correo electrónico describía su desesperada búsqueda de significado, algo que llenara el vacío en vida que lo carcomía a pesar de su ocupada agenda y los muchos amigos. Su búsqueda terminó mientras leía el libro y se centraba en Jesús. ¡Entregó su vida a Jesús y exclamó que nunca sería el mismo! Las lágrimas en los ojos de mi hija eran el reflejo de las mías, ¡y supe que llevaría este joven conmigo a la casa de mi Padre!

- El paquete me lo entregaron en un centro de conferencia donde estaba dirigiendo un seminario de tres días. Cuando lo abrí, encontré un roto y sucio ejemplar en rústica de mi libro *La historia de Dios*. Mientras lo examinaba, vi que estaba subrayado, doblado en las esquinas y desgastado con el tiempo, y era obvio que se había leído una vez tras otra. Dentro había una carta de una mujer que contaba que había visto un vagabundo que mendigaba en la puerta de un restaurante McDonald. Cuando se interesó comprarle una comida, él se negó, pero le preguntó si podía enviarle un libro a una escritora. Entonces le entregó *La Historia de Dios*. Ella obedientemente lo envió por correo a la organización de mi padre, la cual entonces me lo mandó al centro de conferencia donde me lo entregaron a mí.

Cuando abrí la guarda, me encontré con algunos garabatos y partes del testimonio del mendigo. Era un veterano de la guerra de Vietnam. Un alcohólico. Endurecido. Amargado. Uno de los millones de hombres y mujeres que deambulan por las calles de nuestras ciudades. Un día mientras mendigaba sentado, alguien pasó y no le entregó dinero, sino este libro en rústica. Escribió que lo había leído por días, semanas y meses. A través de sus páginas, había encontrado el amor de Dios. Su amargura había desaparecido, su dureza se había dulcificado y había entregado su vida a Cristo. El libro está ahora en uno de mis estantes como un recuerdo constante de orar por estos desamparados que un día llevaré a la casa de mi Padre.

Cuando Jesús dijo que acumuláramos nuestros tesoros en el cielo, se refería a esos que nosotros ya sea directa o indirectamente guiamos a la salvación mediante la fe en Él. Cuando reflexiono innumerables horas en el estudio de un pasaje de la Escritura hasta que se «abre paso» y cobra sentido de cómo relacionarlo a mi vida y a la vida de otros; cuando reflexiono en las noches en agonía y lágrimas mientras lucho en oración por esos a los que me enviaron; cuando reflexiono en los miles y miles de viajes que pone inmensas distancias entre mi familia y yo; cuando reflexiono en las casi insoportables presiones de estar en una plataforma pública, donde me examinan con detenimiento los comprensivos, los curiosos y los críticos; cuando reflexiono en el temor que me estremece el estómago por salir de mi zona de comodidad a fin de dar un paso de fe en obediencia al mandato de Dios...

Cuando contemplo todos los sacrificios que se requieren para tener una vida enfocada por completo en Jesucristo y su reino eterno, el gozo se transmite de mi corazón a mi rostro en una sonrisa de profunda satisfacción. Aunque mi entrada al cielo quizá no sea tan espléndida como la de otra persona y mis tesoros celestiales acumulados quizá sean menos que los suyos, sé que cuando llegue a la casa de mi Padre al menos no entraré con las manos vacías ni tendré en el rostro las cenizas de una vida malgastada.[2] Tendré algunas cosas, *algunos*, ¡para llevar conmigo!

Tesoros duraderos

Cuando Jesús dijo que acumuláramos tesoros en el cielo, no solo se refería a esos que nosotros conduciríamos a la fe en Él, sino también a nuestro carácter que cada vez más se conforma por el Espíritu de Dios a su propia imagen. Este es otro mensaje sutil que se transmite por las calles de la casa de mi Padre.

Las calles de nuestro hogar celestial no están hechas solamente de oro puro, sino que, de manera asombrosa y casi incomprensible, también se describen como de cristal transparente: «La calle principal de la ciudad era de oro puro, como cristal transparente» (Apocalipsis 21:21). No cabe duda que el oro que se pule hasta parecer cristal transparente funcionaría como un espejo. Entonces todo lo que se mueve o camina a través de esas calles se reflejaría a lo largo de nuestro hogar.

La Biblia nos dice que cuando lleguemos al cielo todos nuestros pecados y defectos desaparecerán y seremos como Jesús.[3] Con nuestras personalidades y características únicas, cada uno de nosotros va a reflejar a la perfección el carácter de Cristo. Y mientras caminamos por las calles que reflejan como los espejos, cada paso que demos y cada movimiento que hagamos son para glorificar al Señor.

¿Alguna vez se ha frustrado con los hábitos de pecado en su vida? ¡A mí me ha pasado! Aun cuando cuento con la cruz y recibí el perdón por todos mis pecados, sigo pecando. No quiero hacerlo. Trato de no hacerlo. ¡Odio el pecado! Sin embargo, sigo pecando. La realidad del pecado es el único hecho más desalentador, frustrante y deprimente en mi vida. Aun así, puedo mirar el futuro con esperanza. Esto se debe a que un día, cuando llegue a la casa de mi Padre, todos mis pecados...

> mis tendencias pecaminosas
> mis pensamientos pecaminosos
> mis acciones pecaminosas
> mis hábitos pecaminosos
> mis palabras pecaminosas
> mis sentimientos pecaminosos...

todos mis pecados se van a abandonar como una vestimenta maloliente de la que finalmente nos desprendemos y desechamos. Lo que quedará en ese momento será lo que el carácter de Cristo ha desarrollado en mí durante mi vida en la tierra.[4]

Cuando lo obedecía en medio del sufrimiento...
Cuando confié en Él con la oración sin contestar...
Cuando lo amé sin verlo...
Cuando creí en Él aun cuando toda evidencia era
    contraria a su Palabra...
Cuando me centré en Él en las tinieblas de
    la depresión y el desaliento...
Cuando esperé solo en Él para que me llevara...
Su carácter se formó en mí.[5]

Cuando decidí ser paciente en lugar de frustrada…
Cuando decidí amar en lugar de odiar…
Cuando decidí contener mi lengua en lugar
    de arremeter con ira…
Cuando decidí instruir con amabilidad en lugar
    de corregir con severidad…
Cuando decidí ser amable en lugar de ruda…
Cuando decidí ser bondadosa en lugar de mezquina…
Cuando decidí ser generosa en lugar de ser egoísta…
Cuando decidí renunciar a mis derechos en lugar
    de insistir en ellos…
Cuando decidí hablar la verdad en lugar de mentira…
Su carácter se formó en mí.[6]

Cuando decidí someter el dolor…
Cuando decidí aceptar la presión…
Cuando decidí llevar la carga…
Cuando decidí, cada día, negarme a mí misma y llevar
    la cruz de su voluntad para mi vida que incluye el
    sufrimiento…
Cuando decidí seguirlo a Él y no a la multitud…
Cuando decidí vivir su Palabra y no las opiniones de
    otros…
Su carácter se formó en mí.[7]

Y es su carácter, revelado en mí y a través de mí, ¡lo que
se reflejará a lo largo de la casa de mi Padre!

Cuando rendimos por completo nuestra vida al control del Espíritu de Dios dentro de nosotros, Él usa:

las oportunidades, los obstáculos y las obligaciones,

las responsabilidades, las relaciones y el ridículo,

las presiones, el dolor y los problemas,

los éxitos, las enfermedades y la soledad...

Él usa *todas las cosas* para obrar por nuestro supremo bien, ¡lo cual es creciente, progresivo, en conformidad gloriosa a la imagen de Jesucristo![8]

Cuando usted y yo acumulamos tesoros vivientes y duraderos en el cielo, ¡llegamos a la asombrosa conclusión de que nosotros mismos somos el tesoro del Señor! Cuando Dios el Padre busca a través del universo por algo que darle a su Hijo unigénito en recompensa por lo que logró en la tierra, ¡el Padre lo escoge a usted! ¡El regalo de gran valor y de amor del Padre a su Hijo es usted![9] Y un día expondrá sus inapreciables tesoros ante el universo... ¡en la casa de mi Padre!

Un hogar por el que se pagó

Mi Padre pagó la casa.

P orque tanto amó Dios al mundo,
que dio a su Hijo unigénito,
para que todo el que cree en él
no se pierda,
sino que tenga vida eterna.

JUAN 3:16

Antes de casarnos, Danny compró una casa pequeña para nosotros, sin que yo la viera. Cuando regresamos de nuestra luna de miel, me llevó derecho a nuestra pequeña casa de cuatro habitaciones, donde vivimos los siguientes cinco años. A fin de comprar la casa, sacó una hipoteca para que nuestros pagos mensuales se extendieran a treinta años. Si tomábamos los treinta años completos para pagar la hipoteca, terminaríamos pagando el triple del precio de la compra de la casa porque los pagos incluían los intereses del banco que le prestó el dinero. Esta era una expectativa difícil de enfrentar, pero estábamos atrapados y no podíamos arreglarnos con grandes pagos mensuales. Él tenía tres trabajos y yo trabajaba a tiempo parcial para hacer frente a esos pagos mensuales. Soñábamos con tener paga nuestra casa algún día.

Después de cinco años, vendimos la casa por más de lo que pagamos por ella, lo cual nos permitió tener el dinero para el pago inicial de nuestra próxima casa. La nueva casa era más cara que la anterior, con pagos mensuales grandes. Con los hijos que pronto llegaron a la escena, no podía trabajar fuera de la casa ni siquiera a tiempo parcial, así que pasamos apuros con el salario de Danny. Aun cuando su trabajo como dentista comenzó a florecer, seguíamos viviendo con el dinero para las cosas básicas, con los pagos mensuales determinando una vez más el flujo de efectivos. Y seguíamos soñando con tener nuestra casa pagada.

Sin embargo, ese sueño se desvaneció cuando llegó la realidad de la vida. Nuestros tres hijos estaban en la universidad al mismo tiempo. Los tres se casaron en el mismo año. Y tanto Danny como yo nos acostumbramos a hacer siempre los pagos mensuales de una casa que nunca pareció estar más cerca de pagarse que cuando comenzamos…

Mi querido suegro era un predicador de las esquinas de las calles de la ciudad de Nueva York. Las pequeñas iglesias que pastoreaba durante los fines de semanas no eran suficientemente capaces de mantenerlo a él y su familia, así que también trabajaba a tiempo completo para la compañía telefónica de Nueva York. Pagaba cuarenta y ocho dólares por la casa en Long Island, donde mi esposo asistió a las escuelas de enseñanza secundaria y preuniversitaria. Cuando mi suegro murió aproximadamente treinta y cinco años después del inicio de la compra de la casa, ¡debía más de *cien mil dólares* de ella! Había hipotecado su casa una vez tras otra a fin de reunir para las necesidades de su familia, además de satisfacer su insaciable apetito por los libros de teología. Los pagos mensuales cada vez mayores eran una parte inherente de su vida. Para el padre de Danny, ¡una casa pagada era, a lo más, un sueño muy remoto!

El pago por la casa de mi Padre comenzó antes de que Dios decidiera traernos a usted y a mí a la existencia.[1] Al principio de la historia humana, Dios nos creó a usted y a mí para vivir con Él para siempre. El Edén era el jardín del paraíso que Dios personalmente hizo con mano maestra como un hogar en el cual viviéramos con Él. Sin embargo, representado por Adán y Eva, el género humano se rebeló contra el plan del Creador y, por consiguiente, se perdió el paraíso.

Aun así, el Creador no olvidó ni abandonó a esos que Él mismo creó. En un predeterminado tiempo, envió a su Hijo a morir en la cruz a fin de quitar nuestro pecado, trayéndonos de regreso a una buena relación con Él, y abriéndonos una vez más las puertas a su hogar celestial. ¡Nuestro hogar en el cielo se pagó de una vez y por todas! No tenemos que preocuparnos por...

las buenas obras

ni la religiosidad

ni la asistencia a la iglesia

ni de los ritos

ni de las tradiciones...

¡La casa de mi Padre se compró y pagó por completo con la sangre de su propio y querido Hijo!

¿Está luchando con los pagos mensuales de su casa? ¿O con el alquiler mensual de un apartamento? ¿Sueña también con vivir un día en un lugar que se pagó? ¡Entonces hay más de una razón para que pueda mirar el futuro con esperanza hacia el cielo!

Quizá el pago de nuestro hogar celestial está simbolizado por la única y más espectacular característica que describe Juan: las puertas. Es increíble, pero «las doce puertas eran doce perlas, y cada puerta estaba hecha de una sola perla» (Apocalipsis 21:21). ¿Es capaz de imaginarse cuán grandes serían esas perlas, para colocarlas en las murallas que tienen como sesenta y cinco metros de grosor?

Las perlas se forman cuando un granito de arena se incrusta en una ostra, irritándola. Para mitigar la irritación, la ostra cubre el grano de arena con una suave capa de lo que se llama nácar. Mientras que la ostra siente la irritación, sigue cubriendo la arena con capas de perla. ¿Qué tipo de irritación sería necesaria para formar las perlas que componen las puertas de nuestra ciudad celestial cuando son tan grandes que se ajustan a una muralla que tiene *sesenta y cinco metros de grosor*? Debe haber sido más que una simple irritación. ¡Debe haber sido un terrible y severo sufrimiento!

Me pregunto… ¿son las perlas un recuerdo, cada vez que usted y yo entramos en la casa de mi Padre, de que lo hacemos solamente debido a la intensidad del sufrimiento del Hijo de Dios? ¿Reflejan esas perladas puertas la cruz de

Jesucristo? ¿Nos recordarán siempre lo que le costó a Él personalmente abrirnos a todos las puertas de esa ciudad y darnos la bienvenida al hogar? Solo imagine: A medida que entremos a nuestro hogar celestial a través de los portales de perlas, nos envolverán los símbolos del sacrificio de su amor por nosotros.

¿Conoce a alguien que diga que no hace falta la cruz? ¿Es que hay otros caminos a Dios además de reclamar la muerte de Jesucristo por el pecado?

¿Es que…

si hace más buenas obras que malas,

si va a la iglesia al menos dos veces al año,

si es sincero en cualquier religión que escoja,

si es bueno,

si es moral,

Dios le «deberá» un hogar celestial? ¿Es que hay maneras humanas de hacer los «pagos de la casa»?

O podría ser que las mismas puertas a través de las cuales se entra al cielo digan, ante su misma presencia: *¡no hay otro camino para entrar excepto a través de la muerte, la cruz, de Jesucristo!* Nuestro hogar celestial está libre de deudas, ¡comprado y pagado por la misma sangre del Hijo unigénito de Dios! Al final, en última instancia y por la eternidad, ¡nuestro sueño de vivir en un hogar pagado será una realidad porque Jesús lo pagó todo!

Un hogar lleno con la familia

En la casa de mi Padre viviremos
con Él eternamente.

¡**A**quí, entre los seres humanos, está la morada
   de Dios!
Él acampará en medio de ellos,
   y ellos serán su pueblo; Dios mismo estará
   con ellos y será su Dios.

APOCALIPSIS 21:3

En un reciente viaje a Londres, hice un tiempo para comprar un boleto y visitar el palacio de Buckingham, la residencia de la reina de Inglaterra y su familia. Hice el espectacular recorrido de una habitación tras otra. Vi...

techos pintados a mano,

arañas de luces de cristal,

obras maestras de arte,

porcelanas valiosísimas,

muebles dorados,

magníficas tapicerías de la calidad de un museo,

y otros tesoros demasiado numerosos y asombrosos para describir. Sin embargo, en ningún lugar vi un juguete de un niño, ni una fotografía familiar, ni una revista abierta, ni una chaqueta tirada sobre una silla, ni una mesa para dos, ni siquiera una taza de café puesta en la esquina de una mesa. Como esperaba, el palacio de Buckingham es un magnífico lugar de exhibición, pero es difícil pensar que sea un *hogar*.

Aunque la casa de mi Padre es el más bello lugar jamás imaginado, no es un museo ni un simple lugar de exhibición, ¡es definitivamente un hogar! Es el hogar del Señor Dios Todopoderoso y del Cordero. Juan dijo: «No vi ningún templo en la ciudad, porque el Señor Dios Todopoderoso y el Cordero son su templo» (Apocalipsis 21:22).

El Padre estará allí

La palabra griega para «templo» es, en este caso, la misma que se usa para el «Lugar Santísimo», el cual estaba en el interior del santuario del antiguo tabernáculo de los israelitas y más tarde en el templo. Se trata del lugar en el que Dios dijo que moraba. El sumo sacerdote podía entrar una sola vez al año a rociar la sangre de los animales sacrificados sobre el propiciatorio a fin de hacer expiación por el pecado del pueblo de Dios.[1] La carta a los Hebreos nos enseña que hoy «mediante la sangre de Jesús, tenemos plena libertad para entrar en el Lugar Santísimo, por el camino nuevo y vivo que él nos ha abierto a través de la cortina, es decir, a través de su cuerpo».[2] En otras palabras, a través de la muerte y del cuerpo quebrantado de Jesucristo en la cruz, usted y yo tenemos acceso a la presencia de Dios cuando nos acercamos a Él por fe en oración.

En nuestro hogar celestial, no tendremos acceso esporádico a la presencia de Dios; ¡vamos a *vivir* en su presencia!

¡En cada momento! ¡Cada día! ¡Cada semana, mes y año! ¡Por toda la eternidad!

Antes que me diera cuenta de esta verdad, me perturbaba la molesta preocupación de que cuando llegara al cielo, usted iba a vivir por allí, yo viviría por aquí y Dios viviría por allá, y quizá un día viniera a visitarme en mi mansión, para entonces irse y visitarlo a usted en la suya. En otras palabras, pensaba que habría tiempos en que no estaría ante su real y visible presencia. Casi tenía un sentido de pánico en que tuviera que pasarme la vida entera procurando la presencia del Espíritu Santo, y todo mi objetivo era que Él llenara cada rincón y grieta de mi corazón, mente, alma y cuerpo. Aun así, cuando llegara al cielo, ¿tendría que negociar su constante e invisible presencia que mora dentro para la alegría y la bendición esporádicas de la visible presencia de Jesús? A medida que desarrollaba por completo la dependencia en Él, lo disfrutaba de manera personal, contaba con Él tan fielmente y lo amaba con tanta pasión, el pensamiento de estar sin Él tan siquiera un momento era en verdad espantoso. El cielo se convirtió en algo para temer, evitar y posponer tanto como fuera posible.

¡Cuán tontos eran mis pensamientos y temores! Mientras meditaba en este pasaje, me di cuenta que cuando Juan dijo: «el Señor Dios Todopoderoso y el Cordero son su templo», estaba describiendo a todo nuestro hogar celestial como el Lugar Santísimo. ¡No existe *ningún lugar* en el cielo en el que Dios no esté física y realmente presente! Debido a su omnipresencia, vivirá total y completamente conmigo en cada momento, ¡como si fuera la única residente del cielo! ¡Y Él vivirá total y completamente con usted como si fuera el único residente del cielo! ¡Qué maravilloso lugar será el cielo!

Nuestros seres queridos estarán allí

No solo nosotros viviremos con Él, sino que viviremos con nuestros seres queridos que murieron confiando en Jesucristo como su Salvador. Tengo familiares y amigos esperando por mí...

Lao Niang y Lao E, mis abuelos maternos,
mamá y papá Graham, mis abuelos paternos,
abuela y abuelo, mi suegra y mi suegro,
Sam y John, mis cuñados,
Dos bebés que no nacieron,
tío Clayton y tío Sam,
la señorita A. Wetherell Johnson, mi querida maestra
    y mentora,
Pearl Hamilton, mi mentora y amiga,
Kip Jordon, mi primer editor,
Janie, Nancy, tío T y Ted...

... y la lista crece cada día. ¿A quién conoce que confió solo en Jesús como su Salvador y Señor, alguien que murió y se fue antes que usted a la casa de mi Padre? Aunque usted y yo nos lamentamos, no lo hacemos como esos que no tienen esperanza.[3] Sabemos que un día viviremos con ellos: el Señor, el Cordero y *nuestros seres queridos*... ¡por siempre![4] Ahora bien, ¡esta es una reconfortante esperanza![5]

Por maravillosos que fueran mis seres queridos y por mucho que los extrañe, ¡ellos no fueron perfectos! Y si sus seres queridos son como los míos, su relación con ellos en la tierra no fue perfecta tampoco. ¡Pensar en vivir para siempre en el mismo hogar con mi hermano Franklin daría un descanso![6] Sin embargo, ¡cuando lleguemos al cielo, el gozo de ver a nuestros seres queridos una vez más es inmensamente mayor cuando nos damos cuenta que *todos* nosotros seremos en verdad perfectos![7] ¡No habrá más...

desacuerdos ni palabras de enojo,

sentimientos heridos ni malentendidos,

descuidos ni muchas ocupaciones,

interrupciones ni rivalidades,

celo ni orgullo,

egoísmo ni pecado

de ningún tipo!

¡No habrá nada en absoluto que dañe nuestro disfrute total de estar con nuestros seres queridos para siempre!

Por otra parte, ¿conoce a alguien que murió, pero que no está seguro de que alguna vez aceptara a Jesús como Salvador y Señor? Entonces, como Abraham, ¿confiaría en que el Juez de toda la tierra actúa bien?[8] ¿Sabe de algún ser querido que, como el ladrón en la cruz, confió en Jesús en el último momento?[9]

Varios sobrevivientes de los ataques del Centro de Comercio Mundial en la ciudad de Nueva York hicieron público que cuando se encontraban atrapados en un elevador envuelto en llamas o en unas escaleras llenas de humo, confesaron sus pecados y le pidieron perdón a Dios por ellos. Si esos sobrevivientes reaccionaron clamando por la misericordia de Dios, me pregunto cuántas más personas, no solamente las víctimas del Centro de Comercio Mundial, sino esas que murieron a través de las generaciones, quizá confiaron en Cristo en el último momento.

Sin embargo, para impedir que sus amigos y seres queridos tengan esta misma incertidumbre cuando usted muera, asegúrese de que sepan hoy que confía en Jesús como su Salvador y que el cielo es la casa de su Padre.

Los siervos de la casa estarán allí

No solamente el Señor Dios, el Cordero y sus amados vivirán en la ciudad celestial, sino que los líderes de las naciones de la tierra también vendrán y saldrán de ella. Juan describió su visión de la procesión: «Las naciones caminarán a la luz de la ciudad, y los reyes de la tierra le entregarán sus espléndidas riquezas. Sus puertas estarán abiertas todo el día, pues allí no habrá noche. Y llevarán a ella todas las riquezas y el honor de las naciones» (Apocalipsis 21:24-26).

¿Quiénes son esos líderes de las naciones de la tierra? Puesto que hemos dicho que en la ciudad celestial solo entrarán esos cuyos nombres están escritos en el libro de la vida del Cordero, los líderes y los reyes que vienen y se van deben ser redimidos de la humanidad, esos que a propósito y de manera consciente depositaron su fe solo en Jesucristo como Señor y Salvador. ¡O sea, yo! Puesto que al parecer, de alguna manera no comprendemos por completo, a los hijos de Dios se les dará posiciones de liderazgo y responsabilidad en la nueva tierra de modo que sirvamos únicamente a Cristo por toda la eternidad. En verdad, la más alta posición de autoridad en el universo será la de las posiciones como siervos de la Casa. No importa dónde vamos a servir ni en qué vamos a servir, al fin y al cabo será para la gloria de Cristo.

Los negocios de mi ex cuñado lo involucraban en diversos ministerios cristianos, iglesias y organizaciones eclesiásticas. Después de años de verse entre bastidores, de estar en la sala de juntas, de analizar las hojas de cálculos, de escuchar las aspiraciones de los que se suponían eran líderes cristianos, él hizo un esfuerzo consciente de no convertirse en cínico. Esto se debía a que mucho de lo que escuchaba, veía y leía era para la promoción y el progreso personal de esos que enmascaraban sus agendas en piadosas superficialidades y clichés espirituales, recogiendo dinero para el «reino de Dios», mientras tomaban diez por ciento de comisión.

Sin embargo, cuando lleguemos al cielo, no habrá…

agendas ocultas,

motivos encubiertos,

ambiciones secretas,

orgullo egoísta.

Todo el mundo, *cada una de las personas*, vivirá y servirá para alabar y glorificar al Hijo unigénito de Dios, ¡Jesucristo! Y cuando usted y yo entremos en el hogar celestial, tendremos el gozo indescriptible de poner ante los pies horadados por los clavos del Señor cualquier honor y gloria que hayamos recibido.

No habrá comparaciones dolorosas ni rivalidades entre hermanos. Se reconciliará y restaurará cada relación. ¿Se lo puede imaginar? Habrá…

humildad y armonía,

amor y risa,

paz y gozo,

silencio y canto,

bondad y amabilidad,

unidad y pureza,

contentamiento y consideración.

Un día nuestro hogar celestial estará preparado. Con amorosa ansia y expectativa de nuestro gozo, el Padre abrirá la puerta de su Casa y reunirá a sus hijos en el Hogar.

Por los últimos años, mi esposo y yo, junto con nuestra familia, hemos celebrado el Día de Acción de Gracias en la casa de mi padre. Mi agradable cuñada, Jane Austin, quien es la esposa de Franklin y una de mis más queridas amigas, cocina casi todo. La comida es siempre abundante y deliciosa: pavo con aliño y salsa, jamón, habichuelas verdes, pudín de maíz, dos cacerolas con dos tipos de batatas, arroz pastoso, dos tipos de salsa de arándano, frutas deliciosas, panecillos, tartas de manzana, de calabaza y de frutas picadas con crema batida, te frío... ¡se me hace agua la boca con solo pensarlo! Sin embargo, el momento culminante del Día de Acción de Gracias no es la comida, ni los juegos de fútbol televisados, ni la diversión. Lo más notable de todo es el compañerismo alrededor de la mesa de comer. Mientras tomamos nuestro café y nos comemos un último pedazo de tarta, mi padre preside en la cabecera de la mesa mientras cada persona expresa de qué está más agradecida. La mayoría de nosotros, incluyendo los chicos casi siempre guapos que cruzan el umbral de la virilidad, tenemos lágrimas en los ojos mientras escuchamos los testimonios de agradecimiento a Dios por su fidelidad y bondad durante el año anterior. Mientras aprecio el amor de mi padre, el esplendor de mi madre, la fuerza de mi hermano, los ojos llorosos de gozo de mi cuñada y la gratitud de toda mi familia a Dios, una vez tras otra he exclamado en mi corazón: «¡Es que no se puede recibir algo mejor que esto!» *Sin embargo, ¡lo hay!*

Un día, en la casa de mi Padre, se dispondrá la mesa y la cena estará lista.[10] Un día usted y yo y todos los hijos del Padre se sentarán alrededor de esa mesa. Un día nuestro Padre la presidirá mientras nos reúne a su alrededor, escuchando con atención y amor mientras expresamos nuestro amor los unos por los otros y nuestro amor por Él.[11] Un día la casa de mi Padre se llenará con su familia, ¡y no habrá nada mejor que esto! *¡Nunca!* ¡Ese será el cielo para mí!

Un hogar al que está invitado a decir que es suyo

La invitación a la casa de mi
Padre se les extiende a todos,
pero usted tiene que aceptarla.

E*l Espíritu y la novia dicen: «¡Ven!»;*
y el que escuche diga:
«¡Ven!»

APOCALIPSIS 22:17

La casa de mi Padre es un hogar en el cielo...

   ... es un hogar de sus sueños,

     ... es un hogar que es seguro,

       ... es un hogar que nunca puede perder,

        ... es un hogar de valor eterno,

         ... es un hogar por el que se pagó,

          ... es un hogar lleno con la familia,

y, lo mejor de todo, ¡es un hogar al que está invitado a decir que es suyo! El cielo es la herencia de los hijos de Dios.

Los noticieros de los medios de comunicación a menudo van a anunciar las muertes de los sumamente ricos, junto con el estimado de sus bienes. De manera invariable, a los pocos días aparecerá un artículo complementario, detallando las luchas y los juicios declarados entre los herederos potenciales sobre su aparente herencia. El mayordomo de una mujer muy adinerada le robó sus bienes. La amante de un difunto multimillonario les arrebató a sus hijos los tesoros que con sumo cuidado este acumuló durante toda su vida. ¡Una excéntrica multimillonaria dejó todos sus bienes a su perro! Las historias siguen y siguen.

El apóstol Pedro confirma que la herencia que está guardada para los hijos del Padre es «indestructible, incontaminada e inmarchitable»… está «reservada en el cielo para ustedes» (1 Pedro 1:4). Aunque nuestra herencia está guardada con toda seguridad en el cielo, hay una condición que tenemos que cumplir antes de que podamos reclamarla: «El que salga vencedor heredará todo esto, y yo seré su Dios y él será mi hijo» (Apocalipsis 21:7).

¿Qué tiene que *vencer* a fin de reclamar como suya la casa de mi Padre?

Tiene que vencer su orgullo que rechaza el conocimiento de que es un pecador que necesita un Salvador.

Tiene que vencer su jactancia que insiste en que si hace más buenas obras que malas, Dios lo dejará entrar en su hogar celestial.

Tiene que vencer su incredulidad de que Jesucristo es el Hijo de Dios, el Salvador del pecador, el Redentor de los cautivos *y el único camino al cielo.*

Tiene que vencer su religiosidad que sustituye los pensamientos positivos por la santidad, los rituales por el arrepentimiento, las tradiciones por las verdades, y la ortodoxia por la obediencia.

Por mucho que quizá Juan se negara a estropear su gloriosa visión con cualquier cosa desagradable, permaneció fiel a la orden que recibió. Relató con mucha sinceridad que aunque estarían esos que vivirían dentro del cielo, habría también esos que vivirían fuera.

La decisión para ir al cielo es suya

En este momento se están preparando dos lugares en el universo. Uno es el cielo, el cual se está preparando para que el Señor viva con sus seres amados. El otro lugar es el infierno, el cual se está preparando para el diablo, sus demonios y todos esos que rechazan la amable invitación que Dios ofrece de salvación a través de su Hijo, Jesucristo. Juan fue muy claro cuando declaró que «los cobardes, los incrédulos, los abominables, los asesinos, los que cometen inmoralidades sexuales, los que practican artes mágicas, los idólatras y todos los mentirosos recibirán como herencia el lago de fuego y azufre. Esta es la segunda muerte» (Apocalipsis 21:8). En caso que alguien no preste atención, y porque esto es tan serio, Juan repite la advertencia: «Pero afuera se quedarán los perros, los que practican las artes mágicas, los que cometen inmoralidades sexuales, los asesinos, los idólatras y todos los que aman y practican la mentira».[1]

A fin de comprender más completamente las palabras de Juan, considere por un momento el contraste entre los dos lugares:

El cielo es un hogar donde no hay más sufrimiento, ni muerte, ni lamento, ni llanto, ni dolor.[2]

El infierno es un hoyo donde hay un gran sufrimiento, llanto y rechinar de dientes.[3] (¡La única vez que he rechinado los dientes fue en el parto cuando el dolor se hacía insoportable por completo!)

El cielo es un hogar donde hay absoluta seguridad y eterna protección dentro de sus altas y gruesas murallas.[4]

El infierno es un hoyo que se describe como el abismo o un pozo sin fondo.[5] Esos que caen en él tendrán la sensación de nunca estar seguros, de siempre estar en peligro.

El cielo es un hogar estable, inquebrantable e inamovible, con doce cimientos.[6]

El infierno es un hoyo que ondula y cambia como la inestable superficie de un lago.[7]

El cielo es un hogar en el cual no hay más noche ni tinieblas.[8]

El infierno es un hoyo de total oscuridad donde el sol nunca sale, ni llega la luz.[9] (¿Ha escuchado a la gente decir que desean ir al infierno a fin de poder estar con sus amigos? Pues bien, quizá sus amigos estén allí, pero nunca se verán porque es totalmente oscuro.)

El cielo es un hogar donde los reyes de las naciones de la tierra entregarán su gloria y donde los hijos de Dios se reunirán para adorarlo por siempre.[10]

El infierno es un hoyo en el que sus habitantes viven confinados en una soledad eterna con nada que los distraiga de su propia miseria, avaricia, egoísmo, odio, orgullo, crueldad e impiedad.[11]

El cielo es un hogar donde el río de agua de vida fluye sin cesar, trayendo fruto para la sanidad de todas las naciones.[12]

El infierno es el hoyo lleno con fuego que provoca sed y tormento sin fin y ardiente descontento.[13]

El cielo es un hogar donde serviremos a Dios y veremos su rostro.[14]

El infierno es un hoyo que estará desprovisto por completo de la presencia de Dios. Esos que estén allí sabrán que Dios los creó, aunque estarán separados de Él para siempre.[15]

¡Alabado sea Dios! ¡Soy salva del infierno y voy al cielo! ¡Hice la decisión! Técnicamente Dios no envía a nadie al infierno. Una persona solo va al infierno por su propia y libre elección, la cual se hace de manera automática cuando rechaza el plan de escape de Dios: su amable provisión de Jesucristo como nuestro Salvador.[16]

Algunas personas quizá piensen que esto parece implacable, exclusivo, injusto e intolerante. Sin embargo, esas personas no tienen en cuenta que Dios no es arbitrario ni caprichoso. Extiende a todos su generosa invitación a reclamar su casa como nuestro hogar eterno. Si aceptamos su invitación, vivimos con Él para siempre. No obstante, si no lo aceptamos porque rechazamos su unigénito Hijo como nuestro Salvador, *nos excluimos nosotros mismos* de la casa mi Padre. La decisión es nuestra.

La decisión de ser su hijo es suya

La casa de mi Padre celestial no es para todo el mundo, al igual que la casa de mi padre terrenal no es para todo el mundo. El lugar que le llamo hogar en el oeste de Carolina del Norte está asegurado por una cerca alta, vigilada por perros y situada en una montaña accesible solo por un camino estrecho y sin salida. Mientras muchos miles de personas han expresado su interés en verla, está fuera del alcance del público en general. Solo a los miembros de la familia o huéspedes especialmente invitados se les permite visitarla.

Imagínese a alguien decidido a retar la intimidad de la casa de mi padre terrenal. Esa persona tendría que conducir en una carretera sin salida de la montaña solamente para que le detenga una puerta que está situada en una cerca alta. Esa persona golpearía en la puerta y gritaría con insistencia, o lloraría con lamentos: «Billy Graham, déjeme entrar. Lo he visto en la televisión. He leído sus libros. He asistido a sus cruzadas. Incluso he apoyado financieramente su ministerio. Usted debe dejarme entrar». Aun así, mi padre le diría, en esencia: «Apártese de mí. No lo conozco».

Por otra parte, si yo conduzco por ese mismo camino estrecho y sin salida y llego a la misma puerta cerrada, llamaría: «Papá, es Anne. Estoy en casa. Déjame entrar». Y la puerta se abriría de par en par. ¿Sabe por qué? *¡Porque soy la hija del padre!*

¿Está convencido de que lo aceptarán cuando se pare ante la puerta de la casa de mi Padre? Puesto que el cielo está fuera del alcance del público en general, ¿se aseguró de que, cuando entre a la eternidad, las puertas del cielo se abrirán de par en par porque es hijo del Padre? O será como esas personas que Jesús describió que solo tratarían de «presentarse», con la esperanza de que las admitieran, y diciéndole: «"Señor, Señor, ¿no profetizamos en tu nombre, y en tu nombre expulsamos demonios e hicimos muchos milagros?" Entonces les diré claramente: "Jamás los conocí. ¡Aléjense de mí, hacedores de maldad!"»[17]

En su respuesta a lo que sería el choque contra la puerta celestial, Jesús describió a muchas personas que profetizaron, citaron las Escrituras, y hasta quizá las enseñaron, como *hacedores de maldad.* Describió a muchos que expulsaron demonios, participaron en cultos y actividades religiosas, como *hacedores de maldad.* En su propio lenguaje, dijo que muchas personas que hicieron milagros, que incluso al parecer recibieron respuestas a la oración, ¡eran *hacedores de maldad!* Tal vez los hacedores de maldad han sido religiosos toda su vida, ¡pero nunca establecieron una relación personal con Dios a través de la fe en Jesucristo! *¡Los hacedores de maldad son esos que nunca conocieron a Cristo!*

A esos hacedores de maldad se les mantendrá afuera y se les negará la entrada al cielo junto con los cobardes, quienes se preocupaban más por lo que otros pensaban de ellos que de lo que pensaba Dios, y los «incrédulos», quienes se negaban a creer que Jesucristo es el camino, la verdad y la vida, y que nadie entra al cielo excepto a través de la fe en Él.[18] Parados fuera del cielo estarán también los abominables; los asesinos; los que cometen inmoralidades sexuales que denominaron su conducta como «diversión», o «un estilo de vida alternativo», o «relaciones sexuales seguras»; esos que practicaron las artes mágicas de la Nueva Era, así como la religión neopagana politeísta y la antigua brujería; los idólatras que vendieron su salud, sus familias, sus relaciones, su integridad, su carácter y sus mismas almas por las posesiones materiales; y todos los mentirosos (véase Apocalipsis 21:8).

¡No se equivoque en cuanto a esto! El cielo es un hogar habitado por el Señor y sus seres amados que hicieron la decisión consciente de estar allí. Sin embargo, habrá también esos que estarán fuera. ¡Por su propia decisión! Basado en las decisiones que haya hecho, si usted muriera hoy, ¿estaría dentro *o fuera* de las puertas del cielo?[19]

¿Está preocupado porque hizo algunas malas decisiones y la vida que acostumbraba guiar está en esa lista descriptiva de los de «afuera»? En su carta a la iglesia de los corintios, el apóstol Pablo afirma de manera enfática la exclusión de ciertos transgresores de la casa de mi Padre. Con gran claridad, retó: «¿No saben que los malvados no heredarán el reino de Dios? ¡No se dejen engañar! Ni los fornicarios, ni los idólatras, ni los adúlteros, ni los sodomitas, ni los pervertidos sexuales, ni los ladrones, ni los avaros, ni los borrachos, ni los calumniadores, ni los estafadores heredarán el reino de Dios». Aunque por otro lado Pablo da el glorioso reconocimiento: «Y eso *eran* algunos de ustedes. Pero ya han sido lavados, ya han sido santificados, ya han sido justificados en el nombre del Señor Jesucristo y por el Espíritu de nuestro Dios».[20]

¡Alabado sea Dios! La invitación para entrar a la casa de mi Padre se les ha extendido a *todos* a través de Jesucristo en la cruz. SIN EMBARGO… cuando se ha rechazado la invitación, la puerta del cielo está cerrada. «Nunca entrará en ella nada impuro, ni los idólatras ni los farsantes, sino sólo aquellos que tienen su nombre escrito en el libro de la vida, el libro del Cordero» (Apocalipsis 21:27).

¿Cómo puede estar seguro de que su nombre está escrito en el libro de la vida del Cordero y es, por lo tanto, un hijo de Dios, reconocido y aceptado por el Padre celestial? ¿Cómo puede saber con certeza que el cielo es su hogar?

La decisión de poner su fe en Él es suya

La ventaja de esta convicción de aceptación por Dios la ilustra la historia verídica de un niño que, hace años, vivió en Londres, Inglaterra. Este se enteró que el doctor D.L. Moody venía a predicar y, el día de la reunión, el niño atravesó la ciudad para escuchar al famoso evangelista estadounidense.

Cuando estaba bien cerca de la iglesia, vio que estaba situada en una colina. El sol se estaba poniendo y los colores del ocaso se reflejaban en los multifacéticos vitrales de las ventanas, haciendo que se pensara que estaban brillando. El sonido de cientos de voces, apoyadas por un poderoso órgano de tubos, llegaba hasta él. Olvidó lo cansado que estaba y que había subido corriendo las largas escaleras de granito que lo conducían al frente de la puerta.

En cuanto llegó al umbral y se preparó para abrir la puerta de entrada, una gigantesca mano lo sujetó con firmeza por los hombros y le hizo girar con fuerza. «¿Qué es lo que estás haciendo, jovencito?», exigió un alto diácono de aspecto severo.

El niño le dijo que había atravesado toda la ciudad a fin de escuchar al doctor Moody y quería entrar. El guardián de la puerta miró al niño de arriba abajo, desde la cabeza hasta los pies, analizando el cabello sin peinar, la cara sin lavar, los pies descalzos y las ropas sucias. Entonces replicó: «No tú, hijito. Estás demasiado sucio para entrar. ¡Fuera!»

El niñito solo levantó su nariz y determinó encontrar otra vía para entrar a la iglesia. Sin embargo, las otras puertas estaban cerradas y las ventanas eran demasiado altas para saltar a través de ellas. Abatido, regresó a las escaleras del frente, dejándose caer y comenzó a llorar.

Entonces en ese momento lo distrajo un carruaje que paró en seco a los pies de la escalera. De un salto salió un caballero de aspecto muy distinguido que marchó con rapidez hacia la escalera. Se detuvo cuando llegó al niño, notando su mugrienta y llorosa cara. «¿Qué pasa, muchacho?», preguntó. El niñito le explicó y entonces el caballero mirándolo con bondad le extendió su mano. «Aquí. Pon tu mano en la mía». El niño lo pensó por un momento, luego deslizó su pequeña mano para alcanzar la grande del hombre. De manos subieron las escaleras de la iglesia. Cuando llegaron a la puerta que antes había estado cerrada al pequeño niño, estas se abrieron de un empujón y de par en par. Asidos de la mano el hombre grande y el rapazuelo de la calle caminaron por el pasillo central. Cuando llegaron a la primera fila, el caballero puso al niño en el banco y entonces se encaminó a la plataforma, hacia el púlpito y comenzó a predicar. ¡El hombre era el doctor D.L. Moody!

Por lo único que el niñito entró en esa iglesia fue porque iba de la mano del doctor Moody. De la misma manera, la única razón para que *alguien*... usted

o yo

o Billy Graham

o el papa Juan Pablo

o la madre Teresa

o un asesino en el corredor de la muerte

o un alcohólico en la cuneta...

la única razón para que *alguien* entre en el cielo es porque esa persona va de la mano de Jesús. En la cruz, Él se la extiende a usted y a mí y a todo el mundo. Y nos invita a entrar con Él en la casa de mi Padre.

¿Cuándo a conciencia colocó su mano de fe en la mano de Jesús afirmando categóricamente que su muerte es el sacrificio por sus pecados, le pidió que lo perdonara y le dio la autoridad de controlar su vida… mientras existiera? Si nunca ha tomado su mano, o si no está seguro de que la tenga, debe orar una sencilla oración, algo así como esta:

> *Querido Dios:*
> *Deseo convertirme en un miembro de tu familia. Quiero saber con seguridad que eres mi Padre y yo soy tu hijo. Quiero que mi nombre esté escrito en el libro de la vida del Cordero. Así que ahora mismo, acepto tu invitación al decir que eres mi Padre y que tu hogar es el mío al confesarte que soy un pecador. Me arrepiento de mi pecado y estoy dispuesto a cambiar, pero necesito tu ayuda. Creo que Jesús murió en la cruz para limpiarme de mis pecados, y creo que Jesús se levantó de la muerte para darme vida eterna. Abro mi vida e invito a Jesús que entre en ella y tome todo el control. Desde este momento en adelante, viviré para Él.*
> *Ahora coloco mi mano en la suya.*
> *Amén.*

En el momento que tome su mano por fe, afirmando que su hogar es el suyo, puede mirar el futuro, incluso en tiempos de aflicción… ¡*con esperanza!*[21]

Porque su nombre ahora está escrito en el libro de la vida del Cordero, ¡nunca se borrará!

Porque este mundo no es su hogar.

Porque la muerte no es la última palabra.

Porque el fracaso no es el final.

Porque un día su fe se convertirá en el escenario y verá las puertas de perlas que se abren de par en par para usted.

Porque, LO MEJOR DE TODO, verá el rostro de Dios y escuchará su voz decir: «*¡Bienvenido a la casa de tu Padre!*»

Él deja la luz encendida... para usted

Su Padre está esperando para darle la bienvenida en el hogar... ¡de manera incondicional!

A*sí que emprendió el viaje y se fue a su padre.*
Todavía estaba lejos cuando
su padre lo vio
y se compadeció de él;
salió corriendo a su encuentro,
lo abrazó y lo besó.

LUCAS 15:20

Hace poco fui conduciendo a la casa de mi padre. La noche caía a medida que entraba a las montañas Blue Ridge y comenzaba la última etapa del viaje de cuatro horas. Cuando bajé las ventanillas del auto, sentí el aire frío de la montaña, olí la húmeda y elevada tierra y escuché la canción de la noche de los grillos, mi expectativa se intensificó. Mientras daba la vuelta a la última curva, mis ojos comenzaron a esforzarse para mirar a través de la oscuridad. Buscaba una sola cosa... el farol colgado de una antigua jaula de pájaros en el camino de entrada. ¿Estaría la luz encendida para recibirme en casa? ¡Lo estaba!

¡Y Dios el Padre ha dejado la luz encendida en el cielo para darnos a usted y a mí la bienvenida al hogar! Cuando el apóstol Juan vio la casa de mi Padre, «resplandecía con la gloria de Dios [...] La ciudad no necesita ni sol ni luna que la alumbren, porque la gloria de Dios la ilumina, y el Cordero es su lumbrera [...] pues allí no habrá noche» (Apocalipsis 21:11,23,25). Si usted aceptó la invitación del Padre de ser su hijo y, por lo tanto, un día compartirá su casa, entonces Él está esperando para darle la bienvenida a su hogar.

Hay quienes creen que si morimos cuando estamos fallando miserablemente, o cuando estamos fuera del compañerismo con el Padre, o cuando de alguna manera no vivimos una vida digna del nombre de nuestra Familia, no seremos bienvenidos en el cielo. En otras palabras, si llegamos en la «oscuridad», no nos dejarán encendida la luz de bienvenida del Padre.

Siguiendo esta idea de pensamiento, si una persona comete suicidio, aun cuando previamente aceptó a Jesucristo por fe como Salvador y Señor, ya no se recibirá a esa persona en el cielo. No estoy de acuerdo. Si uno de mis hijos huyó de un problema qua debía enfrentar, o abandonó un proyecto que debía terminar, o por alguna razón cualquiera se aparece inesperadamente a mi puerta, lo seguiría recibiendo bien. Puesto que este es su hogar y él es mi hijo.

En una ocasión escuché a mi hermana reconocer que había hecho varias cosas malas en su vida. Después de una devastadora decisión en particular, dijo, manejó hasta el hogar de nuestros padres en la montaña. Mientras se acercaba al sinuoso camino de entrada de la montaña, estaba aterrorizada por enfrentarse a nuestro padre. ¿Cómo reaccionaría? ¿Qué diría? ¿Acaso quería hablarle o deseaba verla? Al llegar a la entrada de los autos en el costado de la casa, lo vio parado en la puerta. Cuando salió del auto con las piernas temblorosas y el corazón palpitante, se alegró de verlo con los brazos bien abiertos y escucharle decir: «¡Bienvenida a *casa*!»

¡Alabado sea Dios! *¡Alabado sea Dios! ¡ALABADO SEA DIOS! ¡ALABADO SEA DIOS!* No podemos hacer nada para ganar nuestro hogar celestial y, por lo tanto, ¡no podemos hacer nada para perderlo! Las puertas están abiertas de par en par a todos lo que simplemente acepten su invitación a entrar por fe a través de la cruz de su Hijo, Jesucristo. ¡El Padre espera con ansias que sus hijos lleguen al hogar! ¡Y la bienvenida que extiende es incondicional!

Él ha dejado la luz encendida... *¡para usted!*

Notas

Esperar el cielo con ansias

1. Véase Hebreos 9:27.

Un hogar en el cielo

1. Juan 14:2-3.
2. 1 Corintios 2:9.
3. Génesis 2:8-9.
4. Juan 14:2.

El hogar de sus sueños

1. Juan 8:12.
2. Mateo 5:14.

Un hogar que es seguro

1. Juan 3:16, versión *Dios Habla Hoy*.
2. Dr. Henry Morris, *The Revelation Record* [El registro de Apocalipsis], Tyndale, Carol Stream, IL, 1983, pp. 450-451.
3. Juan 14:2-3.
4. Véase 1 Corintios 2:9.

Un hogar que nunca puede perder

1. Véase Mateo 6:19-20.
2. Hebreos 11:8-10.
3. Véase Hebreos 11:13.

Un hogar de valor eterno

1. Véase Mateo 6:19-20.
2. Véanse 2 Pedro 1:11 y 1 Corintios 3:10-15.
3. Véase 1 Juan 3:2.

4. Véanse 2 Corintios 3:18 y Romanos 8:29.

5. Véase 1 Pedro 1:6-7.

6. Véase Efesios 4:20-24.

7. Véase Hebreos 5:7-8.

8. Véase Romanos 8:28.

9. Véase Juan 17:6,24.

Un hogar por el que se pagó

1. Véanse Apocalipsis 13:8 y Mateo 25:34.

Un hogar lleno con la familia

1. Véase Levítico 16.

2. Hebreos 10:19-20.

3. Véase 1 Tesalonicenses 4:13.

4. A menudo la pregunta que surge es: «¿Reconoceré a mis seres queridos en el cielo?». La respuesta es sí. La Biblia nos dice que cuando lleguemos al cielo, tendremos cuerpos como el que tuvo Jesús después de la resurrección (véase Filipenses 3:21). Después de su resurrección, era físicamente reconocible (véase Lucas 24:31). Sus discípulos fueron capaces de examinar las cicatrices en sus manos y pies donde les pusieron los clavos de su crucifixión (véase Juan 20:20, 24-27). Comió pescado (véase Lucas 24:41-43). En otras palabras, su cuerpo era un cuerpo físico de carne y hueso que conocieron sus discípulos durante sus tres años de ministerio público, aunque después de la resurrección este fue también excepcionalmente adecuado para vivir en la eternidad (véanse Lucas 24:37-39 y Hechos 1:9-11).

5. Véase 1 Tesalonicenses 4:18.

6. Aunque quizá hubo un tiempo en el pasado cuando esto sería cierto, este comentario de hoy es una broma por completo. Lo amo, respeto y disfruto de mi hermano.

7. Véase 1 Juan 3:2.

8. Véase Génesis 18:25.

9. Véase Lucas 23:32-43.

10. Véase Apocalipsis 19:9.

11. Véase Apocalipsis 19:5.

Un hogar al que está invitado a decir que es suyo

1. Apocalipsis 22:15.

2. Véase Apocalipsis 21:4.

3. Véase Mateo 13:50.

4. Véase Apocalipsis 21:12,17.

5. Véase Apocalipsis 20:3.

6. Véase Apocalipsis 21:14.

7. Véase Apocalipsis 20:10.

8. Véase Apocalipsis 21:25.

9. Véase Apocalipsis 25:30.

10. Véase Apocalipsis 21:24.

11. Los siguientes versículos indican que habrá personas que se arrojarán juntas en el infierno. Sin embargo, la oscuridad y el tormento físicos son tan absorbentes e individualizados, que cada uno pensará que está aislado en su propia agonía: Lucas 13:28; 16:19-31; Apocalipsis 20:10,15.

12. Véase Apocalipsis 22:1-2.

13. Véase Apocalipsis 20:15.

14. Véase Apocalipsis 22:4.

15. Véase Mateo 7:23.

16. Véase Juan 3:16-18.

17. Mateo 7:22-23.

18. Véase Juan 14:6.

19. Por favor, tenga en mente que una decisión que no responde deliberada y conscientemente a la invitación de Dios de recibir a Jesucristo como su Salvador, Dios la considera como una decisión que lo rechaza y, por lo tanto, lo pone fuera del cielo por la eternidad.

20. 1 Corintios 6:9-11. Énfasis mío.

21. ¿Ha tomado la «mano» de Dios en oración, confesado su pecado, declarado a Jesús como su Salvador y, sin embargo, todavía duda que el cielo es su hogar? Si es así, le sugeriría que orara esta oración por *última vez*, pero en este momento ore por fe en la Palabra de Dios.

La Palabra de Dios dice que si confiesa su pecado, «Dios, que es fiel y justo, nos los perdonará y nos limpiará de toda maldad» (1 Juan 1:9). En respuesta, la fe dice: «Gracias. He confesado mi pecado; por lo tanto, creo que me has perdonado».

La Palabra de Dios dice que si recibe a Jesús y cree en Él, le da «el derecho de ser hijos de Dios» (Juan 1:12). En respuesta, la fe dice: «Gracias. Ahora soy tu hijo».

La Palabra de Dios dice que si pone su fe en Jesucristo es para que «no muera, sino que tenga vida eterna» (Juan 3:16, *Dios Habla Hoy*). En respuesta, la fe dice: «Gracias. He puesto mi fe en Jesús y, por lo tanto, tengo vida eterna. Ahora sé que el cielo es mío».

Acepte a Dios en su Palabra. No repita esta oración dependiendo de sus sentimientos. Tener fe es un acto de su voluntad de optar por aceptar a Dios en su Palabra. La garantía de su salvación y el nuevo nacimiento en su familia vendrán mientras comience, cada día, a orar, leer su Biblia y disfrutar su vida en obediencia y servicio a Él.